BADEN-WÜRTTEMBERG IN 101 ORTEN

Andreas Braun – Gabriele Renz

BADEN-WÜRTTEMBERG IN 101 ORTEN

THEISS

Bibliografische Information der Deutschen Nationalbibliothek
Die Deutsche Nationalbibliothek verzeichnet diese Publikation in der Deutschen Nationalbibliografie; detaillierte bibliografische Daten sind im Internet über http://dnb.d-nb.de abrufbar.

Umschlaggestaltung: Stefan Schmid, Stuttgart, unter Verwendung von Abbildungen aus dem Innenteil, s. Bildnachweis

Lektorat: Nicole Janke, Neuhausen auf den Fildern
Kartografie: Astrid Fischer-Leitl, München
Satz und Gestaltung: Kai Twelbeck, Stuttgart, sojusdesign.de
Druck und Bindung: Grafisches Centrum Cuno, Calbe
ISBN 978-3-8062-2722-2

Besuchen Sie uns im Internet **www.theiss.de**

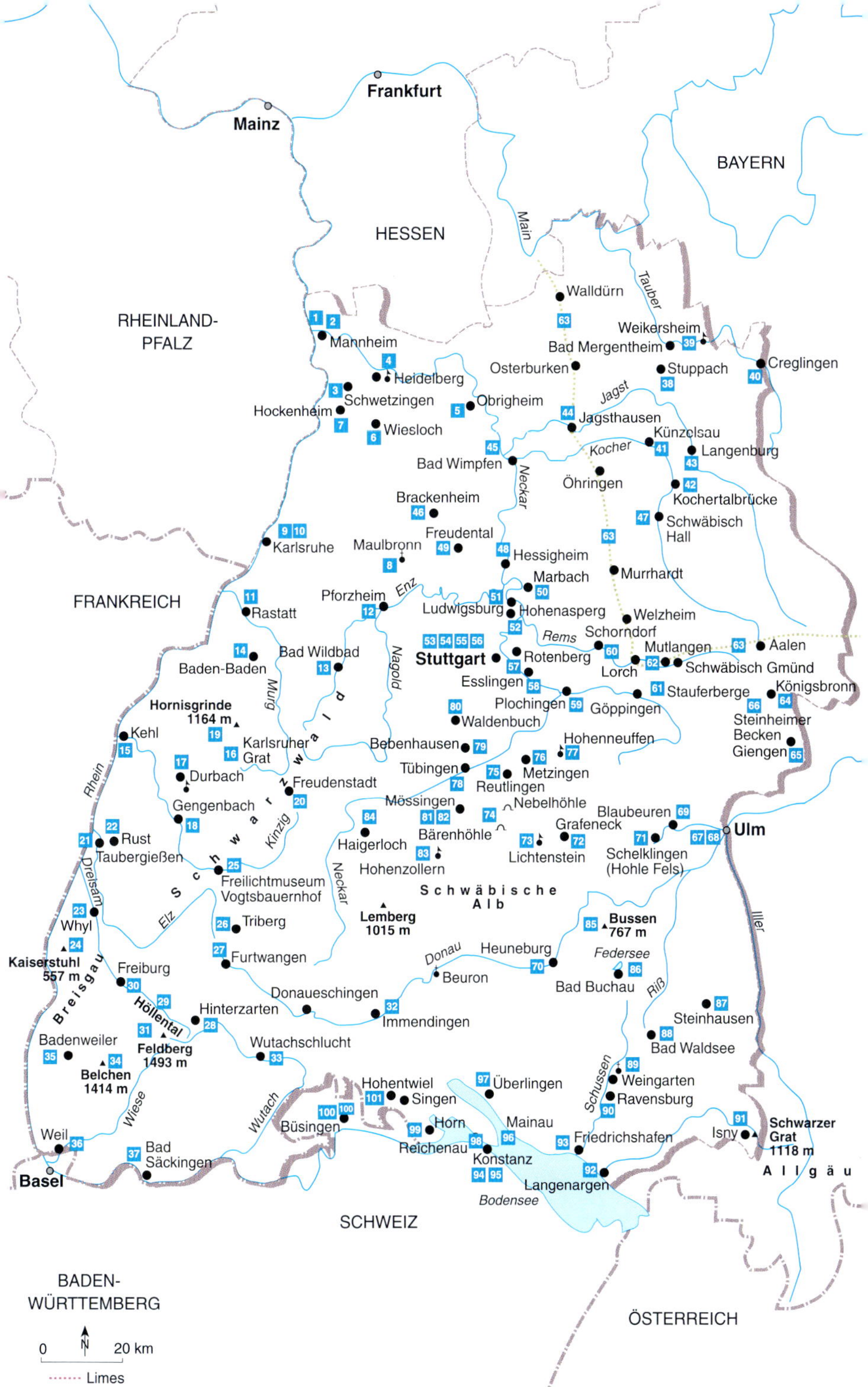

Frankfurt
Mainz
HESSEN
BAYERN
RHEINLAND-
PFALZ
FRANKREICH
SCHWEIZ
ÖSTERREICH
BADEN-
WÜRTTEMBERG
Main
Tauber
Jagst
Kocher
Neckar
Enz
Nagold
Murg
Rems
Kinzig
Rhein
Dreisam
Elz
Wiese
Wutach
Donau
Iller
Riß
Schussen
Federsee
Bodensee
Walldürn
Weikersheim
Bad Mergentheim
Creglingen
Osterburken
Stuppach
Mannheim
Heidelberg
Schwetzingen
Obrigheim
Hockenheim
Wiesloch
Jagsthausen
Künzelsau
Langenburg
Bad Wimpfen
Öhringen
Brackenheim
Kochertalbrücke
Schwäbisch
Hall
Karlsruhe
Maulbronn
Freudental
Hessigheim
Murrhardt
Marbach
Pforzheim
Rastatt
Ludwigsburg
Hohenasperg
Welzheim
Schorndorf
Aalen
Mutlangen
Bad Wildbad
Stuttgart
Rotenberg
Lorch
Schwäbisch Gmünd
Baden-Baden
Esslingen
Königsbronn
Stauferberge
Hornisgrinde
1164 m
Plochingen
Göppingen
Steinheimer
Becken
Waldenbuch
Kehl
Karlsruher
Grat
Bebenhausen
Hohenneuffen
Giengen
Tübingen
Metzingen
Durbach
Freudenstadt
Reutlingen
Mössingen
Nebelhöhle
Gengenbach
Blaubeuren
Grafeneck
Ulm
Rust
Haigerloch
Bärenhöhle
Taubergießen
Lichtenstein
Schelklingen
(Hohle Fels)
Hohenzollern
Freilichtmuseum
Vogtsbauernhof
Schwarzwald
Schwäbische
Alb
Lemberg
1015 m
Bussen
767 m
Whyl
Triberg
Heuneburg
Kaiserstuhl
557 m
Furtwangen
Freiburg
Beuron
Bad Buchau
Breisgau
Donaueschingen
Steinhausen
Höllental
Hinterzarten
Immendingen
Bad Waldsee
Badenweiler
Feldberg
1493 m
Wutachschlucht
Belchen
1414 m
Hohentwiel
Überlingen
Weingarten
Singen
Ravensburg
Büsingen
Horn
Mainau
Isny
Schwarzer
Grat
1118 m
Weil
Reichenau
Friedrichshafen
Bad
Säckingen
Konstanz
Langenargen
Allgäu
Basel
0
20 km
N
Limes

INHALT

I Der Norden und am Rhein entlang nach Süden

III *Region Stuttgart und Schwäbische Alb*

IV *Oberschwaben und Bodenseeraum*

VORWORT

101 Orte in Baden-Württemberg – zwischen Bodensee und Kurpfalz, zwischen Hohenlohe und Markgräfler Land. Darunter finden sich städtische Orte wie eine Hafenlandschaft und ländliche wie ein Berggipfel. In diesem Buch haben wir die ganze Vielfalt des Südwestens abgebildet, eines Industrielandes, das auch mit Urlaubsregionen gesegnet ist.

Sind die schönsten und wichtigsten Orte im Land vertreten? Die Frage lässt sich objektiv nicht beantworten, denn ein Urteil darüber fällt letztlich immer subjektiv aus. Auch unseres. Doch sind in diesem Band auf jeden Fall Orte versammelt, die im In- und Ausland für Baden-Württemberg stehen, typisch, bekannt und repräsentativ, wenn nicht sogar berühmt sind. Orte, die sich zudem großer Beliebtheit bei Ausflüglern und Touristen erfreuen.

Das eine Ziel liegt inmitten der Natur, das andere in urbaner Umgebung. Der eine Ort ist von der Erdgeschichte geformt, der andere von Menschen gemacht. Kirchen, Klöster, Kulturdenkmäler sind ebenso vertreten wie Schluchten und Quellen, Moore oder Höhlen, Felsformationen und Wasserfälle. Auch hier zeigt sich Baden-Württemberg in seiner ganzen Vielfalt – als ein Land mit ganz unterschiedlichen landschaftlichen Reizen, aber auch als eine Region mit überraschend vielen historischen Wurzeln.

Jeder der von uns in diesem Buch vorgestellten Orte erzählt eine Geschichte, mitunter gar mehrere. Es sind Geschichten von der Geschichte, von Kelten und Römern, aus der Eiszeit oder vom Zweiten Weltkrieg. Nicht alle Geschichten sind tröstlich, nicht jeder Ort erzählt eine schöne Geschichte. Manche Orte vermögen Begeisterung, andere eher Beklemmungen auszulösen. Wieder andere Orte rufen einfach nur persönliche Erinnerungen wach, stehen für gesellschaftliche Konflikte oder politische Wegmarken.

Alle in diesem Band vereinten Orte haben indes eines gemeinsam: Sie lohnen, wie wir finden, einen Besuch und die lebendige, neugierige Auseinandersetzung mit ihnen. Sie alle machen das Land aus, sie sind Baden-Württemberg.

Andreas Braun / Gabriele Renz

1 MANNHEIM

Metropole nach Maß

Mannheim gilt gemeinhin nicht als Preziose unter den deutschen Städten. Das ist ein wenig ungerecht. Die „Chefin" in der die drei Länder Baden-Württemberg, Rheinland-Pfalz und Hessen umfassenden Metropolregion Rhein-Neckar ist zumindest ziemlich jung und gar nicht angestaubt, sie ist Sitz einer Popakademie und Heimat der Söhne Mannheims. Multikulti ist hier weder eine abgedroschene Phrase noch ein unerfülltes Versprechen. Die Mannemer können beides: patriotisch-verwurzelt und weltoffen, so wie der Comedy-Star Bülent Ceylan.

Heimliches Zentrum der Stadt ist der Friedrichsplatz. Mag der Krieg auch tiefe Wunden geschlagen haben – dieser Platz, mit dem 61 Meter hohen, 1889 erbauten Wahrzeichen Wasserturm in der Mitte, ist einer der schönsten der Republik geblieben. Bekrönt wird der Turm von einer Statue – sie stellt Aphrodite, die Gattin des Meeresgottes Poseidon, dar. Im Inneren der von zahlreichen Jugendstilelementen eingefassten Parkanlage herrscht Ruhe. Das Plätschern der Wasserspiele übertönt den anbrandenden Großstadtlärm. Die umliegenden Prachtbauten, so das städtische Veranstaltungszentrum Rosengarten oder ein Nobelhotel, zeigen das wirtschaftlich selbstbewusste Mannheim. Sie sind Ausdruck eines Booms, der die Stadt um die Wende vom 19. zum 20. Jahrhundert reich machte. Damals war Mannheim die Speerspitze der industriellen Entwicklung. Am elegant-grünen Friedrichsplatz endet auch die Augustaanlage, eine zumindest in Teilen prachtvolle Allee. An der Nahtstelle zum Friedrichsplatz steht nicht zufällig ein Denkmal für Carl Benz, der in der kurpfälzischen Kapitale einst das Automobil erfand. Auf der entgegengesetzten Seite beginnen die Quadrate: Die Straßen und Häuserblocks sind schachbrettartig angelegt und mit Namen wie aus dem Mathebuch versehen: P 7 oder M 5. Kurfürst Friedrich IV. von der Pfalz hat die Stadt nach diesem klaren Ordnungsprinzip gestaltet. Ein kreisrunder Straßenring fasst die Quadrate ein. Im Südwesten enden viele der Straßen am mächtig ausladenden Barockschloss, das – typisch fürs heutige junge Mannheim – vor allem der Universität und ihren Studierenden zur Verfügung steht.

ADRESSE: Friedrichsplatz, 68161 Mannheim, ➜ *www.mannheim.de*, ➜ *www.tourist-mannheim.de*. **TIPP:** Unbedingt auf einer der weißen Bänke Platz nehmen und die Ruhe im tosenden Großstadtlärm spüren.

2 MANNHEIMER HAFEN

Hafenlandschaft zwischen Neckar und Rhein

Silos, Kräne, Hallen, Brücken, Gleise. Viel Metall, Beton und versiegelter Boden. Und Container. In den verschiedensten Farben sind sie aufeinandergetürmt, bunten Würfeln gleich. Malerisch ist dennoch was anderes. Eindrucksvoll ist der Mannheimer Hafen gleichwohl, zumal er – nach Duisburg-Ruhrort – der zweitgrößte Binnenhafen Deutschlands und gleichzeitig Europas ist. Zusammen mit dem benachbarten Ludwigshafen auf der linksrheinischen Seite reicht man an die Nummer 1 sogar knapp heran. Oder überflügelt die Stadt am westlichen Rand des Ruhrgebiets gar, wie manche heimatstolze „Mannemer" vorrechnen. Der Grundstein für die Entwicklung zu einer bedeutenden Industriemetropole wurde in Mannheim 1816 gelegt. Damals wurde mit dem Ausbau der ersten beiden Häfen begonnen. Insgesamt zählt die Stadt heute vier Häfen: den Rheinauhafen im Süden mit mehreren großen Becken sowie den Handelshafen, den Altrheinhafen und den Industriehafen. Diese drei Häfen liegen nahe der Innenstadt und damit auch nahe der Mündung des Neckars in den Rhein.

Just hier in Mannheim, zwischen Hafen- und Industrieanlagen, wird der ureigentliche Baden-Württemberg-Fluss vom größeren Bruder „geschluckt". Während der Rhein aus den Schweizer Alpen stammt, entspringt der Neckar im Schwarzwald. Von Beginn an hat der Mannheimer Hafen die Produkte seiner Stadt in die Welt hinausgeschickt. Die Liste der Erzeugnisse und Erfindungen der Industriemetropole ist lang: Sie reicht vom ersten Fahrrad, das Karl Drais konstruierte, über das erste Automobil von Carl Benz bis zum Lanz-Bulldog. Der Mannheimer Unternehmer Friedrich Engelhorn gründete 1865 die Badische Anilin- und Sodafabrik. Weil der Bürgerausschuss ihm den Erwerb der notwendigen Grundstücke versagte, baute er kurzerhand auf der linken Rheinseite. So beherbergt Ludwighafen einen Mannheimer Betrieb mit dem Attribut „Badisch" im Namen. Der weltgrößte Chemiekonzern BASF prägt mit seinen gigantischen Industrieanlagen weithin sichtbar die gemeinsame Rhein-Neckar-Hafenlandschaft.

➜ *www.hafen-mannheim.de.* **TIPP:** Bei der Touristinformation kann man genauere Informationen einholen, z. B. über buchbare Hafenrundfahrten, ➜ www.tourist-mannheim.de.

3 SCHWETZINGER SCHLOSSGARTEN

Ein Garten aus dem Geist der Kunst

Im Schlosscafé hat sich eine festliche türkische Gesellschaft eingefunden: die Herren in Dreiteiler und Krawatte, die Damen in langem Kleid und mit edlem Kopftuch. Auch für Muslime ist der Schwetzinger Schlossgarten ein beliebter Ort. Es mag nicht zuletzt an der wohl schönsten Gartenmoschee Europas liegen, die sich in der weitläufigen Parkanlage befindet. Die Rote Moschee wurde einst – wie auch die verschiedenen Tempel, Skulpturen, Kanäle, Teiche und Wasserspiele inmitten des Türkischen Gartens – aus rein dekorativen Gründen errichtet. Man begeisterte sich fürs Morgenland. Heutige Betrachter zieht sie allerdings nach wie vor in ihren Bann: durch ihre schiere Größe, ihre Einrahmung durch Wasser, Pflanzen und elegante Anbauten. In Schwetzingen fasziniert das liebevoll ausgeführte Detail nicht weniger als die große Idee, die übergeordnete Struktur. Der Schlossgarten liegt in einer Achse, die vom über 550 m hohen Königstuhl, dem Heidelberger Hausberg, quer durchs Rheintal bis zum höchsten Berg des Pfälzer Waldes reicht, der Kalmit. Hier haben absolutistische Herrscher, die Kurfürsten Karl Philipp und Karl Theodor, eine Spur gezogen, ein Zeichen hinterlassen.

Im 18. Jahrhundert entstanden nach und nach Schloss, Flügelbauten, Garten und Theater. Am Bau waren italienische und französische Meister beteiligt. Zu entdecken gibt es sehr viel: Französischen und Englischen Garten, Badhaus, Arboretum mit seltenen Gehölzen, Chinesische Brücke, Römische Wasserleitung, Orangerie – die Faszination für ferne und fremde Welten, aber auch für Sinnhaftigkeit und Allegorien kannte in der Zeit des Barock keine Grenzen. Glanzlicht im Schloss ist das kurfürstliche Hoftheater, das bis heute für Aufführungen genutzt wird. Es gilt als Europas erstes Rangtheater. Der Dramatiker Friedrich Schiller sowie die Komponisten Christoph Willibald Gluck und Wolfgang Amadeus Mozart gehörten in jener Zeit zu den bekannteren Besuchern Schwetzingens. Zuvor hatte bereits Voltaire mehrfach den befreundeten Kurfürsten aufgesucht.

ADRESSE: Schloss, 68723 Schwetzingen, → *www.schloss-schwetzingen.de.* **TIPP:** Auf dem Schlossplatz in einem der Restaurants oder Cafés die Atmosphäre genießen.

4 HEIDELBERGER SCHLOSS

Schaurig-schöne Weltberühmtheit

Im Innenhof des Heidelberger Schlosses herrscht ein immer gleich bleibendes babylonisches Stimmengewirr. Menschen aus der ganzen Welt versammeln sich hier im Anblick schaurig-schöner Mauerreste. Was ist es nur, dass dieses Bauwerk, das seit gut 250 Jahren, nach Kriegszügen, Blitzeinschlägen und Feuersbrünsten, das Dasein einer Ruine fristet, solche Anziehungskraft hat? Regelmäßig wird das Heidelberger Schloss als touristisches Highlight an die Spitze internationaler Ranglisten gewählt. Zuletzt landete es auf Platz 1 der Top 100 Sehenswürdigkeiten in Deutschland. Dabei sind Chinesen, Japaner oder Amerikaner gleichermaßen fasziniert. Die Gründe sind vielfältig. Da ist die Lage über der Stadt mit dem Blick auf die Heidelberger Gassen und Plätze, den Neckar, das Rheintal. Da ist die Einrahmung durch Natur, Bäume, Wald. Da ist die Symbolkraft dieses für Deutschland, so scheint es, typischen, weil romantischen, pittoresken, geschichtsträchtigen Bauwerks.

Nicht zuletzt mehrten Maler und Schriftsteller den Ruhm des Heidelberger Wahrzeichens. Victor Hugo etwa befasste sich intensiv mit der langen Geschichte des Schlosses. Mark Twain schrieb treffend: „Um gut zu wirken, muss eine Ruine den richtigen Standort haben. Diese hier hätte nicht günstiger gelegen sein können.“ Und auch Goethe meinte: „Die Stadt in ihrer Lage und mit ihrer ganzen Umgebung hat, man darf sagen, etwas Ideales.“ In der französischen, amerikanischen oder japanischen Literatur sind Heidelberg und sein Schloss früh bekannt, sind oft sogar Schauplatz für fiktionale Texte. Das wirkt bis heute nach. In Deutschland wiederum wurde das steinerne Denkmal, dessen erster Pfleger übrigens ein französischer Graf war, zum Sinnbild einer romantischen Verklärung. Neben den unterschiedlichen Bauten der weitläufigen Anlage interessieren sich Besucher vor allem für das riesige Weinfass, auf welches ein Standbild des – der Überlieferung zufolge – meist trunkenen Hofnarren Perkeo blickt.

ADRESSE: Schloss 1, 69117 Heidelberg, ➜ *www.schloss-heidelberg.de.* **TIPP:** Sehr empfehlenswert ist ein Besuch im Deutschen Apotheken-Museum im Schlosshof, ➜ *www.deutsches-apotheken-museum.de.*

5 OBRIGHEIM

Erstes Denkmal des Atomzeitalters

Gerade huschte auf der Linken noch Burg Guttenberg vorbei, Sitz der Deutschen Greifenwarte wie auch der Deutschen Umweltstiftung. Auf der Rechten zog die wildromantische Burg Hornberg die Blicke magisch an. Und der Neckar glitzerte sommerlich-gemächlich mittendrin. Da steht urplötzlich das Atomkraftwerk Obrigheim. Es nimmt sich in dieser bezaubernden Umgebung fast harmlos aus, ist von den Dimensionen auch nicht mit Philippsburg oder Neckarwestheim zu vergleichen. Dafür, dass der Meiler bereits am 11. Mai 2005 abgeschaltet wurde, herrscht hier freilich eine emsige Betriebsamkeit. Das Kraftwerk in der Kraftwerkstraße 1 gibt noch mindestens bis 2020/21 Arbeit. Oder länger. So lange dauert der vollständige Abbau. Eine Mammutaufgabe, nicht ohne Risiken und Gefahren und begleitet von unzähligen Genehmigungsverfahren. Mindestens eine halbe Milliarde Euro wird der Rückbau noch einmal verschlingen. Oder mehr. Erst ganz am Ende wird der Reaktorblock demontiert und dekontaminiert.

Mag der Ausstieg längst beschlossen sein – mit den Konsequenzen der gut vierzigjährigen Nutzung der Atomenergie werden in Obrigheim noch viele künftige Generationen zu schaffen haben. Dabei ist es noch gar nicht so lange her, da war man stolz auf diese vermeintlich saubere Energiequelle, die im Übrigen auch die Gemeindekasse füllte. Gerne wurden Journalisten nach Obrigheim geführt, es war nicht gar so riesig und gewann mit der Zeit den Charakter eines Schau-Meilers. Obrigheim als ältester kommerzieller Reaktor in Deutschland brauchte kein Fukushima. Der Beschluss, den schon 1968 angefahrenen Druckwasserreaktor abzuschalten, wurde von der rot-grünen Bundesregierung im Jahr 2000 gefasst. Durch die trickreiche Übertragung einer sogenannten Reststrommenge von Neckarwestheim II konnte das endgültige Abschalten noch einmal um zweieinhalb Jahre hinausgezögert werden. Wie sich die Zeiten ändern: Direkt neben dem Alt-AKW befindet sich inzwischen ein modernes Biomasse-Heizkraftwerk.

ADRESSE: Kraftwerkstraße 1, 74847 Obrigheim.
TIPP: Auf der nahe gelegenen Burg Guttenberg befindet sich die Deutsche Greifenwarte mit Flugvorführungen, ➜ *www.burg-guttenberg.de.*

6 WIESLOCHER STADTAPOTHEKE

Wo Bertha Benz das erste Auto auftankte

Sie ist so ungewöhnlich und kurios, dass über diese wahre Geschichte Dokumentationen verfasst, Romane geschrieben und Filme gedreht worden sind: Bertha Benz' Fahrt von Mannheim nach Pforzheim mit dem ersten Automobil der Welt. Berühmtheit erlangte auf dieser weltweit ersten Überlandfahrt auch die Stadtapotheke von Wiesloch, wo Bertha Benz einige Liter des Treibstoffes Ligroin kaufte, um ihre Tour zu Ende bringen zu können. Ligroin war seinerzeit ein beliebtes Reinigungsmittel. Die erste Fernfahrt mit dem dreirädrigen Patent-Motorwagen von Carl Benz war Pioniertat und Marketingcoup in einem. Bertha Benz ist ihrem Mann Carl, dem Schlosser, Konstrukteur und Zeichner aus einfachem Hause, Stütze und Trost. Zusammen gründen sie eine Gasmotorenfabrik, wo Carl Benz 1879 seinen ersten funktionierenden Zweitaktmotor entwickelt. Knapp sieben Jahre später, im Jahr 1886, erhält das Unternehmen das Patent auf das neue, dreirädrige Fahrzeug, das als Benz Patent-Motorwagen Nummer 1 angeboten wird.

Im benachbarten Württemberg bastelt Gottlieb Daimler zur gleichen Zeit daran, einen Motor in eine Kutsche einzubauen. Das heutige Baden-Württemberg existierte damals noch nicht, doch durfte das Bindestrich-Bundesland im Jahr 2011 mit gutem Recht die 125-jährige Erfindung des Automobils feiern. Indes hätte das erste Automobil damals seine Alltagstauglichkeit nicht unter Beweis stellen können, hätte es die resolute, technikbegeisterte und an ihren mitunter verzagten Mann glaubende Bertha Benz nicht gewagt, sich mit ihren Söhnen auf die über hundert Kilometer weite Reise zu begeben. An der zwar zentral gelegenen, aber eher unscheinbaren Wieslocher Stadt-Apotheke ist eine Tafel angebracht, die an die revolutionäre Fahrt erinnert. Und auf dem Platz davor steht, an buckliger Stelle, ein höchst lebendig wirkendes Denkmal für Bertha Benz, ihre Söhne Eugen und Richard sowie das erste Automobil der Welt.

ADRESSE: Hauptstraße 96, 69168 Wiesloch. **TIPP:** Eine Gedenktafel schräg gegenüber der Apotheke erinnert an Johann Philipp Bronner, der in seiner Zeit als Apotheker in Wiesloch den Weinbau auf naturwissenschaftliche Grundlagen stellte.

7 HOCKENHEIMRING

Donnernde Bühne für Boliden

Es brüllt, jault, kreischt, donnert, kracht, quietscht. Was ist das? Richtig, der Hockenheimring an einem ganz normalen Renntag. Wenn die Formel 1 oder die DTM in der Kurpfalz gastieren, zieht der Höllenlärm Zehntausende Besucher an, die voller Begeisterung die Boliden bewundern oder den straff gefederten Tourenwagen hinterherschauen. Natürlich drehen die Rennautos nur Runden, immer und immer wieder. Wer nie dabei war, mag es so sehen. Wer sich indes einmal auf die Rennstrecke begibt, kann sich dem Spektakel kaum entziehen. Tausende campieren in den Wäldern rundherum, Zelte werden aufgeschlagen, Würstchen gebraten, Geschichten ausgetauscht. Und das Dröhnen der Motoren jagt den Zuschauern genauso Schauer über den Rücken, wie die spektakulären Kurvenfahrten Gänsehaut erzeugen. Manche, die von weither kommen, wollen einfach nur ihren Stars ganz nah sein.

Deutschlands wichtigster Rennkurs, direkt neben der Autobahn A 6 gelegen, blickt auf eine bewegte und bewegende Geschichte zurück. Vor gut zehn Jahren landete er wegen enorm hoher Umbaukosten auch eine Zeit lang beständig in den Zeitungsspalten. Inzwischen ist wieder relative Ruhe eingekehrt. Die Kassen der Hockenheimring Baden-Württemberg bringen nicht nur die schnellsten Autos der Welt zum Klingeln, sondern auch Fußgänger, Radfahrer, Oldtimer-Fans, Open-Air-Konzerte und Firmen-Events. Der erste „Ring“ wurde 1932 als etwa zwölf Kilometer langer Dreieckskurs auf unbefestigten Wegen im Hardtwald angelegt. Der Kurs wurde damals auch von Mercedes-Benz als Teststrecke genutzt. Zum Eröffnungsrennen, bei dem Motorräder starteten, strömten bereits 60 000 Menschen in den Wald. Um allzu große Staubwolken zu vermeiden, die auch jede Draufsicht verhindert hätten, wurde Wasser gespritzt. Der Kurs wurde immer wieder angepasst, verändert, verkürzt, verlangsamt. Tribünen kamen hinzu. Die höchste Besucherzahl wurde im Mai 1948 notiert, als 310 000 Menschen zum Jubiläumsrennen anbrandeten.

ADRESSE: Am Motodrom, 68766 Hockenheim, → *www.hockenheimring.net*. **TIPP:** Bei einem Rennen nicht nur schnurstracks seinen Platz aufsuchen, sondern sich Zeit nehmen und auch andere Streckenabschnitte aufsuchen.

8 MAULBRONN

Mutter vieler Klöster

Ehrfürchtiges Staunen – so kann man wohl am ehesten das Gefühl beschreiben, das den Betrachter beim Blick auf die Schönheit dieser Klosteranlage erfasst. Das Brunnenhaus zum Beispiel, früh schon zum Wahrzeichen geworden, mit dem sich nach oben verjüngenden Brunnen im Zentrum, der Raum eingerahmt von gotischen Spitzbögen. Der zu allen Tageszeiten unterschiedliche Lichteinfall bringt die kunstvolle Architektur erst richtig zur Geltung. Es ist ein magischer Ort der Besinnung. Freilich nicht das einzige Kleinod im Kloster Maulbronn, in der besterhaltenen mittelalterlichen Klosteranlage nördlich der Alpen: Da sind die fein dekorierten Portale der Klosterkirche, das zweischiffige Herrenrefektorium für die Mahlzeiten der Mönche, die frühgotische Vorhalle, Paradies genannt, oder das Chorgestühl, ein Meisterwerk gotischer Schnitzkunst. Schließlich der weitläufige Innenhof der Anlage, der das Kloster wie eine Stadt in der Stadt erscheinen lässt. Eine fantastische Kulisse für Filme über vergangene Epochen.

Das in der ersten Hälfte des 12. Jahrhunderts gegründete Kloster Maulbronn ist die bedeutendste ehemalige Zisterzienserabtei auf deutschem Boden, UNESCO-Welterbe nicht nur wegen ihres außerordentlich gut erhaltenen Zustands, sondern auch der Ausstrahlung wegen. Schöntal und Bronnbach beispielsweise sind Tochtergründungen Maulbronns. Die Zisterzienser kultivierten die Landschaft im weiten Umfeld, legten Teiche und Kanäle an, ergründeten das Terroir, betrieben Weinbau. Kaum weniger bedeutsam als die Kloster-Geschichte ist die Geschichte der Klosterschule. Sie entstand, nachdem das Herzogtum Württemberg protestantisch geworden war. Unter den Schülern waren keine Geringeren als der Himmelsforscher Johannes Kepler sowie die Dichter Friedrich Hölderlin und Hermann Hesse. Nicht belegt ist jedoch die Legende, dass die Maultasche aus Maulbronn stammt – von Mönchen, die in der Fastenzeit das Fleisch klein hackten, mit Kräutern vermengten und in einer Teigtasche verbargen. Damit es der Herrgott nicht sehen konnte...

ADRESSE: Klosterhof 5, 75433 Maulbronn, → *www.kloster-maulbronn.de.* **TIPP:** Von Mai bis Oktober kann man mit dem Klosterstadt-Express bis zum Weltkulturerbe fahren.

9 KARLSRUHE

Die Stadt als idealer Lebensraum

Es war einmal im Hardtwald zwischen Schwetzingen und Rastatt, nahe Durlach. Markgraf Karl Friedrich von Baden-Durlach soll unter einer Eiche eingenickt sein, ermattet von der Jagd. Im Schlaf soll ihm die ideale, die perfekte, die Planstadt erschienen sein. Später haben Philosophen räsoniert über den idealen Lebensraum. Und auch bei der Gestaltung der amerikanischen Hauptstadt Washington stand Karlsruhe Pate.

Wie es auch immer dazu kam, von wem die Eingebung war oder der Geistesblitz – tatsächlich gegründet wurde Karlsruhe am 17. Juni 1715, eine der letzten bedeutenden europäischen Stadtgründungen. In der Mitte: natürlich das Schloss, heute Badisches Landesmuseum. Von dort ausgehend, Sonnenstrahlen gleich: 32 Straßen und Alleen. Dieses Stadtbild macht Karlsruhe besonders, unverwechselbar, reizvoll. Auch der Name leitet sich da her: Wo Karl Ruhe fand, Karls Ruhe stattfand.

Dass es überhaupt zu dieser Stadtgründung kam, hatte sicherlich jenseits von Mythen und schönen Legenden auch handfeste Gründe. Nach Dreißigjährigem Krieg und Pfälzischem Erbfolgekrieg, den beiden großen Kriegen des 17. Jahrhunderts, bei denen französische Truppen weit in rechtsrheinisches Gebiet vorrückten und einige Städte wie etwa Heidelberg zerstörten, lag auch manches Schloss in Schutt und Asche. Neue Residenzen wurden gebraucht. Zu dieser Zeit entschloss sich der Markgraf, die mittelalterliche Enge Durlachs hinter sich zu lassen. Die neue Stadt sollte eine Modellstadt sein, wie Karl Friedrich in einem „Privilegienbrief" formulierte. Darin wird bereits manches voraus empfunden, was sich in Europa viel später durchsetzt: Gleichheit vor dem Recht oder politische Mitsprache zum Beispiel. Dass der Stadtgründer darüber hinaus ein Blumennarr und Tulpenfreund war sowie offenbar mehr als 20 uneheliche Kinder zeugte, die meisten angeblich von Hofsängerinnen, steht auf einem anderen Blatt. Karlsruhe hat eben einen schillernden Urvater.

→ *www.karlsruhe.de*, → *www.karlsruhe-tourismus.de*.
TIPP: Das Badische Landesmuseum im Schloss lohnt mit seinen Sonderausstellungen immer einen Besuch, → *www.landesmuseum.de*.

10 KARLSRUHER MARKTPLATZ

Die größte Pyramide der Welt

Im Innenhof des Pariser Louvre steht eine moderne Glaspyramide, die 1989 zum Gedenken an die Französische Revolution, 200 Jahre zuvor, errichtet wurde. In Moskau, auf dem Roten Platz, befindet sich das leicht pyramidale Lenin-Mausoleum. Seit fast 200 Jahren steht mitten auf dem Karlsruher Marktplatz eine Pyramide aus rotem Sandstein. Sie ist ähnlich stadtprägend, ein Wahrzeichen an zentraler Stelle, obendrein in einer Sichtachse mit dem Schloss verbunden. Im Innern liegt kein sichtbarer einbalsamierter Kommunistenführer aufgebahrt, sondern, verborgen vor den Augen der heutigen Öffentlichkeit, der Gründer und Namensgeber der Stadt, Markgraf Karl Wilhelm von Baden-Durlach (1679–1738). Umgeben ist die Pyramide von 16 Steinpfosten, die mit Eisenketten verbunden sind. Auf den Pfosten lässt sich's angenehm sitzen und ausruhen nach ausgedehnten Shoppingtouren oder vor dem Einsteigen in die Straßenbahn.

Um die Pyramide rankt sich eine nette Geschichte. Demnach kam eines Tages ein preußischer General in die Stadt, der seine Gastgeber beständig damit belästigte, ihnen von den gewaltig großen Gebäuden in Potsdam und Berlin vorzuprahlen. Diesem Manne sollen die Karlsruher gesagt haben, es handle sich um die größte Pyramide der Welt. Der Hauptteil befinde sich freilich unter der Erde, weil man auf dem Marktplatz nicht genug Platz gehabt habe. Daher sei nur die oberste Spitze zu sehen.

Mag darunter auch ein Fürst liegen – der Marktplatz als solcher ist der bürgerliche Gegenentwurf zum Adelssitz und zur Residenz Karlsruhe. Er wurde nach Plänen des badischen Städtebauers und Architekten Friedrich Weinbrenner entworfen. Intensiv hatte sich der Baumeister mit der Antike beschäftigt, über Jahre hinweg Italien bereist, bevor er in Karlsruhe diesen rechteckigen Platz gestaltete: mit der Evangelischen Stadtkirche auf der einen und dem Rathaus auf der anderen Seite. Die Anklänge an griechisch-römische Tempel sind unübersehbar.

ADRESSE: Marktplatz, 76133 Karlsruhe. **TIPP:** Werktags findet auf dem Marktplatz der Blumenmarkt statt, wo es auch regionales Obst gibt.

11 RASTATT

„Wir sind das Volk"

„Wir sind das Volk." Diese Parole markiert nicht etwa nur das Ende der DDR vor mehr als 30 Jahren. Mit diesem Satz wagen Soldaten der Bundesfestung Rastatt im Mai 1849, gemeinsam mit der örtlichen Bürgerwehr, den Aufstand gegen ihre Offiziere, gegen die eigene Regierung, gegen den Großherzog. Ihre Forderung: die Einberufung einer verfassunggebenden Landesversammlung. Die Residenz- und Garnisonstadt wird zum revolutionären Zentrum Badens, mit Ausstrahlung auf ganz Deutschland. Der Aufstand wird von preußischen Truppen blutig niedergeschlagen – der Mythos lebt weiter. Kaum irgendwo sonst im damaligen Deutschland wurde so inbrünstig für die Freiheit geworben, gekämpft. Friedrich Hecker, Gustav Struve oder Joseph Fickler heißen die Helden der Badischen Revolution. Ihnen und allen anderen Freiheitskämpfern ist die Erinnerungsstätte im Rastatter Schloss gewidmet. So haben sie am Ende doch noch gesiegt, denn die Ausstellung hat ihren Platz gefunden in einem Schloss der einst so verhassten Feudalherren.

In der deutschen Demokratie-Geschichte sind Ansatzpunkte und Traditionslinien rar. Im Deutschen Reich, gegründet im Versailler Schloss nach dem Krieg gegen Frankreich 1871, blieb kein Platz für die Forderungen der 48er/49er-Revolutionäre. Die Weimarer Republik wurde von den Nazis hinweggefegt. Erst mit der Kapitulation nach dem Zweiten Weltkrieg kam die Demokratie, von außen verordnet. Umso bedeutsamer das Anliegen, die – gescheiterten – deutschen Freiheitsbewegungen ins öffentliche Bewusstsein zu heben, zumindest die wenigen Traditionslinien nachzuzeichnen. Die Idee geht auf Bundespräsident Gustav Heinemann zurück, dem Rastatt sehr am Herzen lag. Sein Ziel war es, „bestimmte Bewegungen, die unsere heutige Demokratie vorbereitet haben, aus der Verdrängung hervorzuholen".

ADRESSE: Herrenstraße 18-20, 76437 Rastatt, ➜ *www.schloss-rastatt.de.* **TIPP:** Neben der Erinnerungsstätte (➜ *www.bundesarchiv.de/erinnerungsstaette/*) befindet sich im Schloss auch das Wehrgeschichtliche Museum (➜ *www.wgm-rastatt.de*).

12 PFORZHEIM

Schmuckwelten – Wo einst Stroh zu Gold wurde

Die Klagen über das verschandelte, unattraktive Stadtbild Pforzheims sind schon älter als der Zweite Weltkrieg. Bedeutende historische Bausubstanz sucht man vergeblich. Wiederholte Zerstörungen, Herrscherwechsel und die Begleiterscheinungen einer zeitweise stürmischen industriellen Entwicklung hatten der Stadt bereits früher ihren Stempel aufgedrückt. Im Zweiten Weltkrieg allerdings wurde Pforzheim härter getroffen als andere Städte. Am 23. Februar 1945 zerstörten britische Bomber die einstige badische Residenz fast völlig. Die Dominanz von Bauten aus den 50er-Jahren, darunter auch einige architekturgeschichtlich interessante Werke, zeugt von diesem Verlust.

Und doch hat Pforzheim ein Alleinstellungsmerkmal, auf das andere Städte neidvoll blicken: Schmuck und Gold. Alles begann damit, dass Markgraf Karl Friedrich im Jahre 1767 den Startschuss für die Schmuck- und Uhrenindustrie gab. Zunächst mit sozialem Hintergrund: Mithilfe eines angesiedelten Schweizer Unternehmers wurde eine Uhrenfabrik zur Beschäftigung von Waisenkindern gegründet. Bald kam die Fertigung von Schmuckwaren dazu. Um 1800 galt Pforzheim mit seinen 900 Fabriken als das industrielle Zentrum Badens und als bedeutendste Schmuckstadt der Welt. Die einpendelnden Goldschmiede wurden Rassler genannt, weil ihre mit Eisennägeln beschlagenen Schuhe auf dem Kopfsteinpflaster einen gehörigen Lärm verursachten. In den Schmuckwelten wird diese Geschichte erzählt. Dort können Besucher Goldbarren in die Hand nehmen, bekommen Einblicke in die Schmuckherstellung, können einen goldenen Porsche bewundern. Einst waren hier 26 000 Menschen in der Schmuckindustrie beschäftigt; heute ist es wenigstens wieder der zehnte Teil. Immerhin haben einige weltbekannte Marken nach wie vor ihren Sitz in Pforzheim, eine Goldschmiede- und Uhrmacherschule bildet den Nachwuchs aus, und auch die Hochschule ist sich ihrer Verantwortung bewusst: Dort gibt es ein Schmucktechnologisches Institut. Das Pendant zur Einkaufs- und Erlebniswelt Schmuckwelten ist das Schmuckmuseum im Reuchlinhaus mit seinen Tausenden Exponaten.

ADRESSE: Westliche Karl-Friedrich-Str. 56/68, 75172 Pforzheim, → *www.schmuckwelten.de*. **TIPP:** In der Gläsernen Manufaktur mal bei der Produktion über die Schulter schauen.

13 BAD WILDBAD

Kurbad von königlicher Pracht

Das Tal wird immer enger, der Wald dunkler und dichter. Hier im Tal der jungen Enz breitet sich Bad Wildbad aus. Von links wie rechts grüßt manche Bausünde aus früheren Jahrzehnten. Wie groß die Überraschung, als sich mitten in dem Nordschwarzwälder Provinzstädtchen am Kurplatz urplötzlich königliche Pracht entfaltet. Das Palais Thermal, 1840 bis 1847 als Graf-Eberhard-Bad erbaut, wirkt schon von außen elegant weltläufig, als stünde es in irgendeiner europäischen Metropole. Der königlich-württembergische Hofbaumeister Nikolaus Friedrich von Thouret verwendete für den lang gestreckten Bau im neuromanischen Stil den rötlichen Stein aus der Region. Im Innern finden sich Fürstenbäder mit herrlichen Mosaiken, ein maurischer Saal, Jugendstilfenster, lichtdurchflutete Glaskuppeln und eine Venusstatue: Dieser Badetempel gibt all jenen zu denken, die im Bad nur eine nützliche Angelegenheit sehen. Hier werden alle Sinne angesprochen. Thouret selbst, der auch am Bau der Stuttgarter Schlösser Hohenheim, Monrepos oder Solitude maßgeblich beteiligt war, erlebte die Fertigstellung nicht mehr.

Das Große Badegebäude des Palais Thermal liegt direkt über dem Austritt einer Thermalquelle, von denen es einige gibt im Nordschwarzwald, so in Bad Herrenalb, Bad Teinach-Zavelstein oder Bad Liebenzell. Kein anderes Bad ist freilich so prächtig. Der Sage nach wurde die Wildbader Quelle im Mittelalter entdeckt, als ein angeschossener Eber an ihr Linderung suchte.

Und ihren Aufschwung nahm die Stadt der Legende nach, als Graf Eberhard II. und sein Sohn Ulrich von Rittern überfallen wurden. Die Wildbader halfen ihm zu entkommen. Fortan stand der Ort in seiner Gunst – und entwickelte sich zur begehrten Destination für Grafen, Herzöge und Könige. Auf der anderen Enzseite gleich gegenüber dem Palais Thermal steht das von außen kaum weniger eindrucksvolle König-Karl-Bad, das Ende des 19. Jahrhunderts erbaut wurde. Es dient heute als Haus des Gastes.

ADRESSE: Kernerstraße 1, 75323 Bad Wildbad, → *www.palais-thermal.de.* **TIPP:** Im Ortszentrum liegt die Talstation der Sommerbergbahn – einsteigen und hinauf auf die Schwarzwaldhöhen!

14 BADEN-BADEN

Flaniermeile der Reichen und Schönen

Die feine Dame mit dem Hündchen ist unterwegs, der schon etwas reifere Flaneur mit den grauen Koteletten ebenfalls. Und dann, urplötzlich, ergießen sich Anzugträger und Frauen in Business-Kostümen über die Lichtentaler Allee. Distinguiertes Englisch ist zu hören, Französisch, Italienisch, Spanisch, Deutsch auch ein wenig. Offenkundig ist soeben ein internationaler Kongress zu Ende gegangen. Oder es ist einfach nur Sitzungspause, und die Teilnehmer eilen durch den Park, um sich sogleich nach links oder rechts in eines der nahe liegenden Hotels zu begeben. Keine andere deutsche Kurstadt strahlt eine solche internationale Noblesse aus, und nirgendwo findet sich eben diese Noblesse so konzentriert wie hier in der gepflegten Parklandschaft entlang der Oos, auf der über zwei Kilometer langen Lichtentaler Allee.

Auf Veranlassung des einstigen Spielbankpächters und großen Baden-Baden-Liebhabers Edouard Bénazet wurde der einzigartige Landschaftspark angelegt, wurden im 19. Jahrhundert mehr als 300 einheimische wie exotische Bäume gepflanzt. Links und rechts grüßen die Fassaden mondäner Hotels oder prachtvoll-verspielter Villen. Auch heute noch ist Baden-Baden ein Treffpunkt der Schönen und Reichen, ein Ort der Mythen und des Zaubers. Ursächlich hängt das zusammen mit dem Bade- und Kurbetrieb. Indes war es ein Glücksfall, dass die mittelgroße Stadt an den Westhängen des Schwarzwaldes zum grenzübergreifenden Anziehungspunkt von Hochadel und Großbürgertum, zur Sommerhauptstadt Europas wurde. Französische Millionäre fühlten sich hier genauso zu Hause wie russische Schriftsteller. Spielbank und Kurhaus legen Zeugnis ab von jenem glanzvollen Aufstieg. Springbunnen, Skulpturen, stolze Gebäude und bezaubernde Gartenanlagen reihen sich wie Perlen an eine Schnur. Über der Stadt thront die Ruine Hohenbaden, gewissermaßen die Urburg der Markgrafen von Baden. Die renommierte Kunsthalle und das oft mit spektakulären Ausstellungen glänzende Museum Frieder Burda verleihen dem Flanieren im Zweifel einen höheren Sinn.

→ *www.baden-baden.de.* **TIPP:** Nach dem Kunst-Genuss bei Frieder Burda oder in der Kunsthalle ein Café aufsuchen.

15 KEHL

Symbol von Freundschaft und Frieden

Wer nach Straßburg fährt oder weiter hinein nach Frankreich strebt, der lässt die Grenzstadt Kehl gewöhnlich rasch und gern hinter sich. Tankstellen, Fast-Food-Filialen und gesichtslose Fassaden prägen das Bild. Entlang der Durchfahrtsstraße B 28 reihen sich die Bausünden aneinander. Mit anderen Grenzstädten teilt Kehl freilich das Schicksal wiederholter Zerstörungen. Heute wird Kehl friedlich besetzt, von benachbarten Franzosen, die hier einkaufen oder auch längerfristig wohnen. Die offene Grenze zum einstigen Erbfeind macht's möglich. Symbolhafter Ausdruck dieser neuen Zeit nach Jahrhunderten des Misstrauens und der Kriege ist die Passerelle des deux Rives, zu Deutsch: die Brücke der zwei Ufer. Daneben gibt es natürlich noch die ganz und gar funktionale und schmucklose Europabrücke für den Autoverkehr sowie die nicht weniger nüchterne Rheinbrücke als Glied in der europäischen Bahnverbindung von Paris nach Wien. Die Passerelle aber, das elegant geschwungene Bauwerk aus zwei Teilen, einem Weg für Fußgänger und einer Spur für Rad- und Rollstuhlfahrer, verbindet Deutschland und Frankreich erst seit 2004. Von dem Pariser Architekten Marc Mimram entworfen, bildete sie damals das Herzstück einer grenzüberschreitenden Landesgartenschau.

Ähnliche Bedeutung kommt nur der Dreiländerbrücke in Weil am Rhein zu, die, 200 Meter von der Schweiz entfernt, im äußersten südwestlichen Zipfel des Landes Deutschland mit Frankreich verbindet. Auch dieses elegante Bauwerk, gut zwei Jahre später der Öffentlichkeit übergeben, markiert ein neues vom Miteinander bestimmtes Europa. Brückenbauwerke weisen so gesehen stets in die Zukunft. Andererseits schwingt meist lastende Vergangenheit mit, mögen die Bauwerke in der Gegenwart auch schlicht Teil des alltäglichen Austauschs sein. Das trifft ganz bestimmt auch auf die Passerelle des deux Rives zu, die nun bereits ihrerseits Geschichte geschrieben hat: Aus Anlass des 60-jährigen Bestehens der NATO trafen sich im April 2009 die Staats- und Regierungschefs des Nordatlantischen Bündnisses auf ihrer Mitte zum symbolisch-feierlichen Handschlag.

→ *www.kehl.de.* **TIPP:** Wenn man schon so nah an der Grenze ist, sollte man einen Abstecher nach Straßburg erwägen.

16 KARLSRUHER GRAT

Alpine Gefühle im Schwarzwald

Gerade spendete der Wald noch angenehme Kühle und Schatten. Nun finden wir uns unvermittelt in der grellen Sonne wieder, deren Wärme von den rauen, gezackten Felsen reflektiert zu werden scheint. Tatsächlich ersteht vor uns ein bis dato unbekannter Schwarzwald, aus dunkelgrauem, stellenweise fast schwarzem Stein. Die Bäume weichen zurück, schroffe Felsen fallen nahezu senkrecht ins Tal. Nicht, dass der Schwarzwald keine steilen Anstiege oder spektakulären Ausblicke hätte. Das bekannteste deutsche Mittelgebirge mit den höchsten Erhebungen ist abwechslungsreich und auch für manche Überraschung gut. Almen gibt es, Karseen und subalpine Pflanzen. Doch wer würde hier eine so alpine Landschaftsform wie den Karlsruher Grat vermuten, den man nur als wagemutiger Kletterer zu überwinden vermag! Der Grat verläuft auf einer Meereshöhe von etwa 750 Metern südlich der Hornisgrinde, des höchsten Gipfels im Nordschwarzwald, und östlich von Ottenhöfen. Erwarten dürfte man in dieser Region eher rötlichen Buntsandstein, der auch wenige Kilometer östlich, deutlich sichtbar, oben aufliegt. Die dunkle Färbung der Felsen hoch oben über dem Gottschlägtal rührt her vom Quarzporphyr, genauer: von Magma, das vor zig Millionen Jahren aus dem Erdinneren nach oben drang, erkaltete und auf dem Grundgebirge aus Granit aufsitzt.

Die auf dem und um den Grat herum herrschende Wärme ist alles andere als eingebildet: Nahe den Felsen haben sich Buchen, Eichen, Kiefern und Esskastanien, daneben Heidekraut und Besenginster angesiedelt. Für viele Insekten und seltene Vögel sind die sonnigen Südhänge idealer Lebensraum. Den Namen erhielt der Grat nicht etwa wegen der vermeintlichen Nähe zu Karlsruhe. Seit Ende des 19. Jahrhunderts wurden Wanderer und Kletterer angezogen, nicht zuletzt aus der dichter besiedelten Region Karlsruhe. Manch einer fand in den zerklüfteten Felsen den Tod. Diesen Opfern zum Gedenken und zur Ehre wurde der „First“ in den 20er-Jahren des vorigen Jahrhunderts umbenannt.

→ *www.ottenhoefen-tourismus.de*. **TIPP:** Edelfrauengrab-Wasserfälle im Gottschlägtal und zum Einkehren das Bosenstein (→ *www.gasthausbosenstein.de*).

17 SCHLOSS STAUFENBERG BEI DURBACH

Wo der Riesling Klingelberger heißt

Rebhänge breiten sich aus in alle Himmelsrichtungen. Hell abgesetzt davon mäandernde Wege, die dem Hangverlauf und der Topografie folgen. Im Westen liegt das Rheintal mit Straßburg in der Mitte. Das Münster setzt sich vom helleren Häusermeer gut sichtbar ab. Im Osten, scheinbar nah und gleich hinter der von Menschen geformten Kultur- und Genusslandschaft der Ortenau, breiten sich die bewaldeten Rücken des Schwarzwaldes aus. Es kommt vor, dass auf Schloss Staufenberg, von wo sich dieser unbeschreibliche Blick bietet, wärmende Sonnenstrahlen fallen, während um die Schwarzwaldgipfel dichte Nebelschwaden wabern.

Schloss Staufenberg, im Besitz des Markgrafen von Baden und Sitz eines seiner Weingüter, ist ein magischer Ort, der nicht zufällig Werbebroschüren ziert und Hochglanz-Magazinen ein attraktives Cover liefert. Der 383 Meter hohe Bergkegel liegt mitten im kleinwelligen Vorbergland, dessen Weinberge mitunter ziemlich steil sind. Zu Füßen des Schlosses streckt sich der malerische Weinort Durbach aus. Die rustikale Burganlage mit der Sonnenterrasse macht das Erlebnis perfekt. Ursprünglich von den Zähringern im 11. Jahrhundert erbaut, wechselte sie in den Jahrhunderten darauf mehrfach den Besitzer. Auch französische Herren versuchten hier heimisch zu werden. Ende des 17. Jahrhunderts schließlich erstand Markgraf Ludwig Wilhelm von Baden-Baden den Bergkegel. Noch einmal knappe hundert Jahre später schrieb Schloss Staufenberg erneut Geschichte: Als nämlich Markgraf Karl Friedrich, der spätere Großherzog von Baden, in der Lage Klingelberg Rieslingreben anpflanzen ließ. Weinbau wurde hier bereits jahrhundertelang betrieben, doch dass der König aller Weißweine sich auf diesem Terroir – und im ausgeprägten Burgunder-Land Baden – zu solch vollendeter Reife und Finesse entfalten würde, das wissen wir erst seit dieser Anpflanzung. So kam es auch, dass in der Region nahe Offenburg für den bekanntesten deutschen Wein der Name „Klingelberger" gebräuchlich wurde.

ADRESSE: Schloss Staufenberg 1, 77770 Durbach, ➜ *www.schloss-staufenberg.de*. **TIPP:** Im Ort liegen viele renommierte Weingüter – eine Weinprobe bietet sich geradezu an (➜ *www.durbach-info.de*).

18 GENGENBACH

Deutschlands pittoreske Puppenstube

Viele ausländische Touristen, ob sie nun aus dem benachbarten Frankreich, aus den Vereinigten Staaten von Amerika oder auch aus den aufstrebenden Schwellenländern Asiens kommen, haben ein ganz bestimmtes Bild von Deutschland. Mit Fug und Recht kann man behaupten: Das an der Kinzig gelegene Gengenbach im Ortenaukreis mit seiner puppenstuben-pittoresken Altstadt erfüllt die Klischeevorstellung aufs Vortrefflichste. Eingebettet in Weinberge, im Hintergrund die mythische Schwarzwald-Landschaft. Im Vordergrund: Blumengeschmücktes Fachwerk, Stadttore, die weniger trutzig als vielmehr romantisch verklärt zu sein scheinen, malerische Gassen mit dem dazugehörigen Kopfsteinpflaster, Barockfassaden, die ein wenig Glanz ins kleinstädtische Ambiente bringen, dazu ein prachtvolles Rathaus, das in vorweihnachtlicher Zeit den größten Adventskalender der Welt darstellt. Es ist die Zeit, da etliche der oben genannten Gäste in wahre Verzückung geraten, denn so manche geschichtsträchtige deutsche Stadt wirkt dann noch typischer deutsch als sonst schon. Welch glückliche Fügung, dass das recht imposante Rathaus, erbaut in einem Übergangsstil zwischen Rokoko und Klassizismus, exakt 24 Fenster aufweist, 22 an der Fassade und zwei im Dach. Sie laden immer wieder international renommierte Künstler dazu ein, mit ihren Illustrationen und Motiven das zentrale Gebäude Gengenbachs in ein einzigartiges Wintermärchen zu verwandeln. In den Fenstern waren schon Werke von Marc Chagall oder Tomi Ungerer zu bewundern. Zum großen kulturellen Erbe der kleinen Stadt passt schließlich die bunte Fasnachtstradition.

Diese Geschichte wird im so prächtigen wie korpulenten Niggelturm erzählt, der schon als Wehrturm, Gefängnis und Warenlager diente. Seine sieben Stockwerke bieten heute der Gengenbacher „Fasend“ eine Heimstatt, den Narren und der Narretei, den Spättlehansel, Klepperlisbuben, Bott und Hexen – und nicht zuletzt dem Schalk, der, in Stein gehauen, den Herren der Stadt die Zunge entgegenstreckt. Auch das eine deutsche Tradition.

➜ *www.stadt-gengenbach.de*, ➜ *www.narrenmuseum-niggelturm.de.*
TIPP: Auf den Spuren des Ritters durch die historische Altstadt wandeln.

19 WILDER SEE

Grinden, Kare und ein Urwald

Stille und sonst nichts. Oder fast nichts. Flaschengrün liegt der See in der Kuhle, umrandet von dunklem Nadelgehölz. Die Stämme, die am Rand liegen, sind am Verwittern und stark bemoost. Ab und an wuseln Wasserspinnen über den Spiegel der Oberfläche. Unbekannte Vogelstimmen dringen durch die Luft. Kann es so viele verschiedene Grüntöne geben? Der Wilde See auf der Hornisgrinde ist ein Stück Natur, wie es selten noch vorkommt. Seit mehr als 100 Jahren hat der Mensch hier keine Hand angelegt. Es ist ein Bannwald. Dieser hier umschließt den Karsee „Wilder See" und reicht bis zu den Grindenflächen des Seekopfs. Bannwälder sind die Urwälder von morgen, wird oft gesagt. Am „Wilden See" ist zu spüren, was das bedeuten kann – wenn man die Mühe nicht scheut. Denn drei bis vier Stunden ist man schon unterwegs, will man diesen See nicht nur von wenigen exponierten Stellen aus betrachten, sondern ihm ganz nah sein.

Hinauf auf die Hornisgrinde geht es fast autobahngleich. Sogar mit einem kleinen Sessellift kann man sich hochfahren lassen. Dann trennt sich die Spreu vom Weizen. Während weniger sportliche Besucher fast ebenen Fußes zum Kaffee einkehren können, geht es zum Bannwald-See steil hinab. Zu sehen ist der See noch lange nicht. Viel Muße für Aussicht hätte man ohnehin nicht. Denn überall liegen Stämme, liegt Geäst oder stehen abgebrochene Baumstämme wie gekalkte Geistersilhouetten. Was fällt, bleibt liegen. Also steigt der Wanderer mal drüber, kriecht mal unten durch. Erst nach unzähligen Metern auf schlängelndem, schmalem Pfad hinab, ist das verwunschene Nass zu sichten. Das Bannwaldgebiet vermittelt einen Eindruck, wie es sein könnte, wenn in Baden-Württemberg ein Nationalpark entstünde. Ein Blick in die Geschichte des Landes zeigt, dass unsere Vorfahren weitsichtiger waren. 1911 hatte die Königlich-Württembergische Forstdirektion das Gebiet rund um den Wilden See zum ersten Bannwald des Landes erklärt. Er wurde später etwas vergrößert und ist heute 150 Hektar groß.

ADRESSE: Schwarzwaldhochstraße, Naturschutzzentrum Ruhestein, ➜ *www.naturschutz.landbw.de.* ➜ *www.bergfex.de.*
TIPP: Vom Urnengrab des Schwarzwald-Pioniers Julius Euting aus wunderbarer Fernblick bis zur Schwäbischen Alb.

20 FREUDENSTADT

Ausgeburt einer großwürttembergischen Vision

Die Kreisstadt Freudenstadt liegt nicht dort, wo Städte gemeinhin gegründet wurden, im wärmenden Tal oder an den Fuß eines Berges geschmiegt. Sie liegt hoch oben auf einer Höhe mit den dicht bewaldeten Gipfeln des Nordschwarzwaldes. Es ist hier „einen Kittel kälter" als in der Umgebung, und auch die Regenmenge liegt über dem Durchschnitt. Die Stadt wurde einst auf dem Reißbrett geplant. Mit ihrer schachbrettartigen Anlage und vor allem dem rekordverdächtig riesigen Marktplatz ist sie zugleich Ausgeburt einer großwürttembergischen Vision.

Herzog Friedrich I., in Stuttgart aufgewachsen und in Tübingen erzogen, wurde 1557 in Mömpelgard (heute Montbéliard bei Belfort in Frankreich) geboren. Zwischen 1397 und 1796, also über 400 Jahre hinweg, hatte Württemberg bedeutende linksrheinische Besitzungen. Herzog Friedrich konnte weder seine Heimat verleugnen, noch ließ er sich von irgendjemandem aufhalten beim Vergrößern und Mehren württembergischer Territorien. Freudenstadt sollte seine Residenz werden und zugleich eine Art Landbrücke bilden zwischen rechts- und linksrheinischen Besitzungen. Dafür schickte der frühabsolutistische Herrscher seinen Baumeister Heinrich Schickhardt, der sich zunächst wenig begeistert zeigte, in den Schwarzwald.

Am 22. März 1599 steckte Schickhardt gleichwohl in Anwesenheit des Herzogs die ersten Straßen und Häuser der neuen Residenz fest. Rund um den 4,5 Hektar großen Marktplatz sollten in mehreren Zeilen die Häuserreihen nach dem gleichen Muster entstehen, Giebel zum Marktplatz und Fachwerk. In der Mitte sollte Platz für ein geplantes Schloss bleiben. Nach dem Tod Friedrichs blieb die Fläche frei – weswegen Freudenstadt heute den größten bebauten Marktplatz Deutschlands hat. Ungewöhnlich ist auch die Stadtkirche, die L-förmig dem Grundriss des Marktplatzes an der südlichen Ecke eingepasst ist. Die Kanzel befindet sich im Winkel zwischen den beiden Schiffen. Im 19. Jahrhundert saßen Männlein und Weiblein getrennt in Herren- und Frauenschiff, und nur in den vordersten Reihen bestand Blickkontakt.

➜ *www.freudenstadt.de*, ➜ *www.ferien-in-freudenstadt.de*. **TIPP:** Freudenstadt ist nicht die einzige Spielstätte, doch wichtige Konzerte des Schwarzwald Musikfestivals (➜ *www.schwarzwald-musikfestival.de*) finden hier statt.

21 TAUBERGIESSEN

Wo der Rhein Rhein sein darf

Die Luft flimmert von der Hitze. Links und rechts hinter Bäumen, Buschwerk und Gras gluckst Wasser. Hier und da piepen Vögel. Oder starten mit einem aufgeregten Schrei aus dem unzugänglichen Dickicht. Der Taubergießen, eines der größten Naturschutzgebiete in Baden-Württemberg, ist zugleich der wohl letzte Urwald am Rhein. An schwülheißen Tagen liegt der Vergleich mit Floridas Everglades gar nicht so fern. Wirklich gefährlich ist es zwischen Rust im Süden und Kappel im Norden jedoch nicht. Krokodile wurden am Oberrhein noch nicht gesichtet.

Die ausgedehnte Auenwaldlandschaft wird bei Umfragen oder Abstimmungen regelmäßig zu Deutschlands bedeutendsten Naturwundern gezählt. Im Grunde entstand die Landschaft des Taubergießen, als sich der Rhein noch unreguliert seinen Weg durch die oberrheinische Tiefebene suchte. So bildete er zahlreiche Mäander, suchte Platz bei Hochwasser. Dabei riss er Land mit sich und lagerte an anderen Stellen wiederum Schwemm-Material ab. Nach und nach bildeten sich dann Seitenarme aus, die später vom Hauptstrom abgeschnitten wurden. So kann man heute auf der Landkarte oder vom Flugzeug aus rechts des Rheins überall unterschiedlich große Wasserflächen entdecken. Im Westen grenzt das Naturschutzgebiet an Frankreich, angefangen ungefähr an der Stelle, wo der die Elz bei Hochwasser entlastende Leopoldskanal in den Rhein fließt, bis hin zur Nordspitze der Rhinauer Flussinsel. Den neuen, den heutigen Rhein könnte man auch als Tulla-Rhein bezeichnen. Der Ingenieur Johann Gottfried Tulla nämlich begradigte, regulierte und verkürzte im 19. Jahrhundert im Auftrag des Hauses Baden den Fluss, der dadurch schiffbar und industriell besser nutzbar wurde. Glücklicherweise blieb der Taubergießen als letzter Rest aus vorindustrieller Zeit erhalten. Kurioses Detail am Rande: Ein paar Quadratkilometer auf deutschem Staatsgebiet gehören nach wie vor zur elsässischen Gemeinde Rhinau. Die Ursache liegt sowohl in der wechselhaften Geschichte im Grenzgebiet als auch am wechselnden Flussverlauf.

→ *www.taubergiessen.com.* **TIPP:** Das Naturschutzgebiet lässt sich erwandern oder mit dem Rad erkunden; am schönsten aber ist eine Bootstour.

22 EUROPA-PARK RUST

Wohliger Schrecken im Sekundentakt

Gemütlich rattert der Zug fast senkrecht nach oben, so als ließe er uns, seinen Insassen, noch einmal Bedenkzeit, ob wir uns auch das Richtige vorgenommen haben. Fest in unseren Sitzen verankert, haben wir allerdings längst keine Wahl mehr. Gerade noch können wir für Sekunden – oder sind's Sekundenbruchteile? – den Blick schweifen lassen über das Rheintal bis hinüber zu den Vogesen im Westen und dem Schwarzwald im Osten. Vor uns das Gelände des Europa-Parks, in das sich soeben – es ist ein sonniger freundlicher Vormittag – Tausende Besucher ergießen. Direkt unter uns winzige bunte Punkte: Es sind die Autos auf dem großen Besucherparkplatz des Europa-Parks.

Doch schon geht's vom über siebzig Meter hohen Scheitelpunkt – wir vermeinen einen freien Fall ins Bodenlose zu spüren – geradewegs und in rasender Geschwindigkeit den eben noch so kleinen Fahrzeugen entgegen. Ein einziger gemeinsamer Schrei der Passagiere erfüllt die Luft. Der wohlige Schrecken hat freilich alsbald ein Ende, und vielen Insassen dürfte die rasante Fahrt auch schon genügt haben: Nach knapp drei Minuten stehen wir mit wackligen Füßen wieder auf festem Boden. Der Silver Star, eine der höchsten und schnellsten Achterbahnen Europas (Spitze: 130 km/h) ist nur eine von vielen Attraktionen des Europa-Parks. Ein Urahn der heutigen Besitzer baute im 18. Jahrhundert Postkutschen und Fuhrwagen. Im 20. Jahrhundert spezialisierte sich die Firma aus Waldkirch bei Freiburg auf Fahrgeschäfte für Jahrmärkte. Kurz darauf wurden die ersten Achterbahnen gebaut. In den 70er-Jahren wird schließlich der Europa-Park eröffnet. Inzwischen strömen im Jahr zwischen vier und fünf Millionen Menschen aus dem In- und Ausland in den Park mit seinen vor allem europäischen zahlreichen Themenbereichen, Fahrgeschäften, Shows, Kinos und unterschiedlichen Gastronomiebetrieben. Weniger bekannt ist, dass sich der Europa-Park inzwischen zum größten Hotel-Resort Deutschlands emporgearbeitet hat – mit 4500 Betten in fünf Hotels.

ADRESSE: Europa-Park-Str., 77977 Rust, → *www.europapark.de*. **TIPP:** Ein Besuch im Oberrheinischen Tabakmuseum in Mahlberg auf der anderen Seite der A 5, → *www.tabakmuseum-mahlberg.de*.

23 WYHL

„Nai hämmer gsait!“

Üppig wuchert das Grün. Bäume und Buschwerk wachsen ganz ungeniert dort, wo eigentlich zwei gewaltige Kühltürme hätten emporschießen sollen. Eine industrielle Achse sollte hier einst gezogen werden, eingerahmt von Fabriken und Großbetrieben, mit Energie versorgt von einem großen Atomkraftwerk. Von einem Ruhrgebiet am Oberrhein wurde damals gesprochen. Mehr noch, es wurde von der Politik geradezu beschworen. So dachte man noch in den 70er-Jahren, Bürgerbeteiligung war – im Vergleich zu heute jedenfalls – ein Fremdwort. Widerspruch und Fragen aus der Bevölkerung waren unerwünscht. Für die Politik und ihre obersten Repräsentanten im Land wie Hans Filbinger, den damaligen Ministerpräsidenten, war‘s gar blutiger Ernst: Mit (Polizei-)Gewalt wollte er die Pläne durchsetzen. Wenn der Meiler nicht gebaut würde, gingen in naher Zukunft im Land die Lichter aus, warnte er – und verschätzte sich gehörig. Sein Nachfolger Lothar Späth ließ von den Plänen seines Vorgängers ab.

Die symbolträchtige Antwort der Geschichte konnte klarer nicht ausfallen. Dass heute an jener Stelle nahe der deutsch-französischen Grenze im Westen und dem Kaiserstuhl im Süden ein Naturschutzgebiet ausgewiesen ist, beschreibt die Niederlage symbolträchtig. Wyhl beflügelte die Anti-Atom-Bewegung in ganz Deutschland, legte einen Keim für die spätere Gründung der grünen Partei. Dies geschah sicher nicht zufällig im Südwesten. Indem der Wyhler Widerstand („Nai hämmer gsait“) aber von Anfang an auch Landfrauen, Winzer, Bauern, Pfarrer und angesehene Bürger aktivierte, wurde er womöglich gar zum Nukleus eines recht eigentümlichen baden-württembergischen Bürgerprotestes. So gesehen war es kein Wunder, dass 36 Jahre nach den Platzbesetzungen, Blockaden und Demonstrationen die einstige Bürgerschreck-Partei, die Grünen, auf ganz konventionell-konservativem Wege an die Macht gelangte. Ebenfalls erstmals im Südweststaat. Zwei Gedenksteine im Rheinauewald und im benachbarten Weisweiler erinnern heute an den erfolgreichen Wyhler Widerstand. Und eben das üppige Grün.

→ *www.wyhl.de.* **TIPP:** Ein Spaziergang im Rheinauewald mit seinen seltenen Pflanzen.

24 IHRINGEN AM KAISERSTUHL

Das Bild vom Süden

Niemand, dem auf dieser Terrasse nicht die Assoziation an den Süden käme, an mediterrane Leichtigkeit, eine genussreiche, weil sonnendurchflutete Natur. Auf dem Blankenhornsberg über Ihringen gehen schon mal Herzen auf. Im Westen, jenseits der Hangkante, öffnet sich das Rheintal, das Breisacher Münster liegt da, weit hinten sind die Vogesen zu erkennen. Im Osten wiederum erheben sich die Gipfel des Südschwarzwaldes aus dem Dunst. Direkt zu Füßen des aus hellen Steinen erbauten Wirtschaftsgebäudes, das zum Staatsweingut Freiburg gehört, breitet sich eine vielfältige Reblandschaft aus. Zu sehen sind kleine Mauern, Rebböschungen, Steillagen, kleinteilige alte Terrassen und weit ausgreifende neue Terrassen, wie es sie so in Deutschland nur am Kaiserstuhl gibt. Der Blankenhornsberg, benannt nach dem Professor und Pionier des badischen Weinbaus Adolph Blankenhorn, ist einer von nicht wenigen magischen Orten am Kaiserstuhl. Dazu zählen sollte man etwa auch die Marktplätze in Endingen und Burkheim, die Eichgasse in Bickensohl, ihres Zeichens die größte Lösshohlgasse Baden-Württembergs, den eigentümlich kahlen Badberg sowie den bewaldeten Totenkopf, die höchste Erhebung mit seinem weithin sichtbaren Sendemasten.

Der Kaiserstuhl verdient seinen Namen: Die Rheinebene ist hier weit und flach, doch unversehens steigt nahe Freiburg dieses Gebirge vulkanischen Ursprungs empor, stellt sich Reisenden in den Weg. Freilich lassen sich viele gerne aufhalten. Obwohl auch hier einst die Bauern darben mussten, gilt der Kaiserstuhl nun schon seit vielen Jahrzehnten als Garten Eden, als über alle Maßen fruchtbar, als wärmste Ecke Deutschlands. Der Boden, im Untergrund vulkanisch, darüber unterschiedlich dicke Lössauflagen, gibt viel her: Obst, Gemüse, Spargel, Nüsse, Wein. Die außergewöhnlichen klimatischen Bedingungen, zu denen auch warme Winde aus Südfrankreich oder das Rückstrahlvermögen des Bodens beitragen, machen den Kaiserstuhl zu einer Insel mit südlichen Pflanzen und Tieren.

ADRESSE: Blankenhornsberg 7, 79241 Ihringen, ➜ *www.staatsweingut-freiburg.de*, ➜ *www.ihringen.de*. **TIPP:** An der Straße in Richtung Achkarren liegen eindrucksvolle Weinberge, von Felsen eingerahmt.

25 SCHWARZWÄLDER FREILICHTMUSEUM VOGTSBAUERNHOF

Bollenhut und Bergbau

Romantisch? Von wegen. Es war ein beinhartes Leben im Schwarzwald, als der Vogtsbauernhof im Jahr 1612 gebaut wurde. Landwirtschaft, wie wir sie kennen, gab es damals nicht. Die Menschen lebten meist vom Bergbau oder von der Holzverarbeitung. Sie schlugen Schindeln, saßen lange Winter am Webstuhl oder schleppten die mühsam dem Wald abgerungenen Stämme Richtung Rhein, um sie weiter gen Rotterdam zu verschiffen. Heute ist der Vogtsbauernhof eingebettet in ein Freilichtmuseum, in dem historisch Gekleidete die Funktionsweise von Getreidemühlen zeigen, oder wie man Körbe flechten oder Flöten schnitzen kann. Sogar Käse wird hergestellt. Aber vor allem erfahren die Besucher auch viel über den wahren Schwarzwald jenseits von Bollenhut und den breiten, mit Geranien gesäumten Balkonen. Sechs Schwarzwaldhäuser, sogenannte Eindachhöfe, kann man in dem kleinen Weiler besichtigen. Fast alle auch mit originaler Ausstattung erhalten. Der namengebende Vogtsbauernhof ist das einzige Gebäudeensemble, das noch an jener Stelle steht, wo der Hof von den Bauern einst errichtet wurde. Stehen blieb auch das Back- und Brennhäusle, das den Familien Autarkie ermöglichte. Erst 1965 verließen die letzten Bewohner, ein Altbauernpaar, den Hof. Für das bald daraufhin in Angriff genommene Freilichtmuseum trug man die in der Gegend um den Schauinsland typischen Höhenhäuser zusammen. Die Gestaltung der Dächer war natürlich kein Zufall. Vor 400 Jahren galt auch für die Schwarzwälder Häuslebauer schon das Credo des klassischen Designs: Form folgt Funktion. Der Hotzenwald als windige Hochfläche gab die schützende Dachschürze vor und verleiht den Häusern bis heute ihr charakteristischstes Merkmal. Der Vogtsbauernhof ist mit seinen Mitmachaktionen ein tagfüllender Familienausflug. Eine spannende Erkundung ist er aber für alle, die sich abseits der Bollenhut-Klischees, die ja nur exakt dort ihre Berechtigung haben, ein Bild von der alten Kulturlandschaft Schwarzwald machen wollen.

ADRESSE: 77793 Gutach im Breisgau, ➜ *www.vogtsbauernhof.org.*
TIPP: Vor Anreise unter „tägliche Angebote" nach (Vor-)Führungen erkundigen (Bollenhut, Holzofenbrot, Vogelhaus-Basteln).

26 TRIBERGER WASSERFÄLLE

Eine Schwarzwald-Ikone

Mythos und Marketing lassen die Wirklichkeit mitunter höchst erfolgreich hinter sich: So ist das auch bei den Triberger Wasserfällen. Sie sind die bekanntesten, die meistbesuchten, vielleicht sogar die interessantesten und variationsreichsten – die höchsten Wasserfälle Deutschlands, wie nach wie vor überall zu lesen ist und gerne behauptet wird, sind sie nicht. 163 Meter Fallhöhe überwindet die Gutach in insgesamt sieben Stufen. Der Röthbachfall am südlichen Ende des Königsees in den Berchtesgadener Alpen ist deutlich höher, aber unbekannt. Triberg mit seinem reichhaltigen Souvenirangebot, seinen Cafés und Lokalen rund um die Fälle wird Jahr für Jahr von einer guten halben Million Gäste aus dem In- und Ausland aufgesucht. Es ist über die Jahre und Jahrzehnte hinweg zu einer Schwarzwald-Ikone geworden.

Ehrlichkeit würde dem Besucherstrom keinen Abbruch tun, denn sowohl für Busreisende wie auch für Familien sind und bleiben die Fälle ein beliebtes Ziel. Das liegt zum einen an der gekonnten Inszenierung. Eigens angelegte Brücken, Wege und Pfade lassen die Menschen dem tosenden Wasser ganz nahe kommen und das Fallen aus den verschiedensten Perspektiven erleben. Bei Nacht wird beleuchtet. Und unmittelbar vor dem Jahreswechsel tauchen zum Triberger Weihnachtszauber alljährlich Hunderttausende Lampen und Lämplein die Fälle und ihre Umgebung in ein geheimnisvolles Licht, machen das Naturschauspiel zu einem deutschen Wintermärchen, bei dem Wurstbuden und Glühweinhütten nicht fehlen dürfen. Ein Übriges zur Inszenierung tut der enge, steile, dicht bewachsene Talkessel von Triberg, der in der Eiszeit geformt wurde. Hoch oben auf der Schönwalder Hochfläche formiert sich die Gutach aus kleineren Bächen. Während ihr Wasser über die Kinzig und den Rhein in Richtung Nordsee fließt, entwässern Brigach und Breg, die nur ganz wenige Kilometer entfernt entspringen, über die Donau ins Schwarze Meer. Über gewaltige Granitstufen sucht sich die Gutach ihren Weg hinunter direkt ins Triberger Ortszentrum.

→ *www.triberg.de*. **TIPP:** Der Schwarzwaldbahn-Erlebnispfad mit Start- und Endpunkt am Triberger Bahnhof (→ *www.schwarzwaldbahn-erlebnispfad.de*) erzählt die Geschichte dieser Gebirgsbahn.

27 DEUTSCHES UHRENMUSEUM IN FURTWANGEN

Bei denen tickt's wohl

Bei denen tickt's – ausnahmsweise – richtig: Das Deutsche Uhrenmuseum im Zentrum Furtwangens zeigt Tausende Zeitmesser, darunter Atomuhr, barocke Prunkuhr, Steinzeitkalender, Küchenwecker, Stechuhr, Mickey-Maus-Uhr, Persil-Uhr und natürlich Kuckucksuhr. Alle Wände sind voll mit diesem Alltagsgegenstand, der hier auch in recht seltsamen Formen und kuriosen Gewändern zu sehen ist. Eine Weltuhr aus dem 19. Jahrhundert beispielsweise, die Sonnenstand und Mondphasen anzeigt sowie eine Vielzahl von sich bewegenden Figuren aufweist, wirkt aus einigen Metern Entfernung wie eine Schrankwand, echt deutsch mit Schnitzereien.

Der Schwarzwald und die Uhren: das ist eine ganz besondere Geschichte, die nicht zuletzt von der wirtschaftlichen Entwicklung dieser Region erzählt. Die ersten Uhrmacher sind bereits im 17. Jahrhundert bezeugt. Weil die Landwirtschaft die Menschen kaum ernährte, verlegten sich viele Schwarzwälder darauf, Gebrauchsgegenstände herzustellen, so etwa Besteck, Teller, Eimer oder Schaufeln. Schließlich kamen Uhren hinzu. Die ersten handwerklich gefertigten Zeitmesser waren einfache Holzuhren. Die winterliche Beschäftigung, zunächst vor allem in Kleinwerkstätten, verschonte den Schwarzwald von zeitweiliger Massenarmut. Sogenannte Uhrenträger bauten de facto einen europaweiten Vertrieb auf. Die Uhrenproduktion erlebte freilich Blütezeiten wie Zusammenbrüche. Ende des 19. und Anfang des 20. Jahrhunderts brachte sie noch einmal einen gewaltigen industriellen Schub, wovon Städte wie Schramberg oder Schwenningen zeugen. Heute spielt die Uhrenherstellung keine nennenswerte Rolle mehr. Eine Ausnahme ist die Kuckucksuhr. Als Souvenir ist sie beliebt wie eh und je – und in Furtwangen zu besichtigen. Ein Markenzeichen, um das den Schwarzwald andere Regionen beneiden. Die Anfänge der Kuckucksuhr liegen wohl im 18. Jahrhundert. Aufsehen erregen heute nicht zuletzt die frech verfremdeten Chronometer des Künstlers Stefan Strumbel – in schrillen Farben und mit herausgestreckter Zunge, Knochenkreuzen oder Kalaschnikow.

ADRESSE: Gerwigstraße 1, 78120 Furtwangen, ➜ *www.deutsches-uhrenmuseum.de.* **TIPP:** Durch Furtwangen, aber auch zu anderen Stätten führt die Uhrenstraße (➜ *www.deutsche-uhrenstrasse.de*).

28 SKIMUSEUM HINTERZARTEN

Wer hat's Skifahren erfunden?

Der Hugenhof. Denkmalgeschützt und eigentlich einer wie viele im Schwarzwald mit Haupthaus, Wirtschaftsteil und Nebengebäuden. Ein stattliches Haus mit typischem, lang zur Erde hin gezogenem Dach, ringsum mit Schindeln verkleidet und vergleichsweise kleinen Fenstern versehen, durch die spärlich Licht eindringt. Drinnen die Bauernstube mit dem obligaten Sitzofen, dunkel, ein familiärer Rückzugsort vor mehr als hundert Jahren. Und heute? Alles licht und hell, die Wände entfernt und durch Glas ersetzt, neue Blickachsen und alte Ecken. Das Skimuseum in Hinterzarten ist ein Hingucker und ein Wohlfühlraum. Es kombiniert die Ästhetik des renovierten Altbaus mit guter Zweckmäßigkeit. Dass das alte Bauernhaus überhaupt zu einem Museum wurde, ist dem langjährigen und rührigen Bürgermeister Hansjörg Eckert zu verdanken. Er akquirierte Geld aus Europa, von den Nachbarn, vom Land. Es hat sich gelohnt. Ein wenig Zufall ist es allerdings schon, dass das Museum gerade hier entstand. Denn auch andere Orte wie Todtnau oder St. Blasien hätten Anrecht auf einen solchen Schauraum, weil sich deren Bewohner schon Ende des 19. Jahrhunderts aus Norwegen Schneeschuhe schicken ließen oder sich Holz-Skier, teils mit Bodenblech versehen, bauten, um besser im unwirtlich-winterlichen Schwarzwald voranzukommen. Aus Freiburg zuckelte erstmals die Höllentalbahn und brachte neue Skibegeisterte ins Feldberggebiet. „Skilaufen ist nützlich, es erspart Zeit und Anstrengung und ist gesund." Der Satz stammt vom Gründer des Skiverbandes Schwarzwald, Dr. Wilhelm Paulcke. 1891 wurde in Todtnau der erste deutsche Skiclub gegründet. Im Skimuseum ist alles zusammengetragen: Klamotten und Ausrüstung, Zeitdokumente der legendären Christl Kranz etwa, des nordischen Kombinierers Georg Thoma, einst Hirtenbub am Feldberg, oder von dessen Neffen Dieter Thoma. Zu sehen sind Anzüge, Originalski, Bilddokumente von Sven Hannawald, Martin Schmitt und Georg Hettich. Kein „Schwarzwald-Adler" fehlt. Im alten Hugenhof kann man eintauchen in die Faszination Skisport.

ADRESSE: Erlenbrucker Straße 35, 79856 Hinterzarten, ➜ *www.schwarzwaelder-skimuseum.de.* **TIPP:** Augen auf im Ort und der Umgebung – Thoma ist hier eine weit verbreitete „Marke"!

29 DAS HÖLLENTAL

Der Hirsch bewacht die Schlucht

Finster, fast unheimlich ist die Stimmung, wenn der Nebel – wie so oft – tief im Tal hängt. Dann wieder erleuchten die Strahlen der aufgehenden Sonne den Hirsch und heben ihn heraus, wo noch alles im Dunkel liegt, lassen ihn gleichsam schweben über dem an dieser Stelle engen, schroffen Höllental.

Das Tal mit dem Furcht einflößenden Namen verbindet Freiburg mit dem Hochschwarzwald und bildet die wichtigste Querverbindung vom Oberrhein zum Bodensee, ob man nun dem Auto den Vorzug gibt oder mit dem Zug unterwegs ist. Vor gut 130 Jahren wurde der Startschuss für die Höllentalbahn gegeben, die Fahrgäste nach Donaueschingen bringt und auf den ersten 24 Kilometern fast 650 Höhenmeter überwindet. Die Züge durchqueren dabei Tunnel und fahren über Brücken, etwa in der Ravennaschlucht. Die spektakulärste Stelle des Tals freilich ist der sogenannte Hirschsprung, eine von Felsen eingerahmte Engstelle im Mittelteil des Höllentals. Der Eindruck ist alpin: Das Tal wirkt wie eine tief eingeschnittene Schlucht, die Felsen sind an dieser Stelle bis zu 130 Meter hoch. Der Sage nach jagte ein Ritter von der nahe gelegenen Burg Falkenstein einst einen Hirsch, der an eben diesem Ort die Schlucht mit einem Riesensatz übersprang und dem Jäger dadurch entkam. Da das Höllental hier vor dem Ausbau der Bundesstraße 31 lediglich neun Meter breit war, könnte sich das sagenhafte Ereignis sogar tatsächlich so zugetragen haben.

Schon 1874 wurde dort ein Hirsch aufgestellt, aus Holz zunächst. Seit Beginn des 20. Jahrhunderts nun steht ein 350 Kilogramm schweres, zweieinhalb Meter hohes bronzenes Tier auf dem Felsen. Im Herbst 2010 wurde der Hirsch mit einem Autokran vom Berg gehoben und restauriert. Zahlreiche Einschusslöcher, alle allerdings schon älteren Datums, hatten ihn verunziert. Nun wacht er also wieder in neuer Pracht über das enge Tal, ist aber nicht nur beliebter Blickfang, sondern auch dankbares Objekt von Scherzbolden geblieben.

➜ *www.breitnau.de*, ➜ *www.hochschwarzwald.de*.
TIPP: Eine Fahrt mit der Höllentalbahn von Freiburg nach Hinterzarten oder eine Wanderung in der Ravennaschlucht.

30 FREIBURG

Wenn das Blechle im Bächle landet

Manchmal passiert ein kleines Malheur. So, als die junge, zweite Frau des ehemaligen Bundeskanzlers Helmut Kohl, Maike Kohl-Richter, im Herbst 2011 das heilige Blechle geradewegs ins Bächle setzt. Anderthalb Stunden müht sich der Abschleppdienst an Kohls M-Klasse ab. Der Altkanzler hatte sich zur Audienz des Papstes nach Freiburg aufgerafft, doch das Herrgöttle hatte eine kleine Hürde aufgebaut. Die 15,5 Kilometer Rinnsale in der Freiburger Altstadt, die sich durch viele Gassen winden und von denen gut sechs Kilometer unterirdisch verlaufen, haben ihre Tücken. Auch Gerhard Schröder, Kohls Nachfolger als Regierungschef, trat 2001 während eines Gipfeltreffens mit dem französischen Präsidenten Jacques Chirac in ein Bächle hinein, ebenfalls versehentlich.

Indes lässt das Schicksal solcher Großkopfeten die eigensinnigen Freiburger kalt – sie stehen in inniger Verbundenheit zu diesem höchst pittoresk anmutenden Alleinstellungsmerkmal. Selbst die Gerichte entscheiden im Sinne der Tradition. Schon in den 50er-Jahren wird die Klage eines Mannheimer Kaufmanns, der sein Fahrzeug im Bächle ruinierte, kühl abgewiesen. Aus anderen Städten von mittelalterlichem Gepräge sind die Wasserläufe längst verschwunden. Der Sage nach wird jeder Besucher, der unabsichtlich in eines der vielen von der Dreisam gespeisten Bächle tritt, im späteren Verlauf seines Lebens eine Freiburgerin heiraten. Oder andersrum. Gerhard Schröder, derzeit zum vierten Male verheiratet, hat ja noch Zeit. Es kommt freilich auch vor, dass Menschen, zumal Kinder, durchaus absichtsvoll ins kühle Nass treten, etwa an einem der hier im Süden der Republik nicht eben seltenen heißen Tage. Urkundlich erwähnt wird das sympathische Wahrzeichen der Stadt bereits seit dem 12. Jahrhundert. Die Bächle leiteten seit jeher überschüssiges Regenwasser aus der Stadt, dienten vor allem aber auch der Brauchwasserversorgung, was Handwerkern und dem lieben Vieh gleichermaßen zugutekam. Die Freiburger wollen auf ihre „lauffenden Wässerlein“ (Matthäus Merian, 1643) unter keinen Umständen verzichten. Auch Helmut Kohl bekam am Ende für die Bächle-Bergung eine Rechnung zugestellt.

→ *www.freiburg.de*. **TIPP:** Ein Besuch des Augustinermuseums oder eine Fahrt mit der Seilbahn auf den Freiburger Hausberg Schauinsland, fast 1000 Meter höher.

31 DER FELDBERG

Des Südens höchster Gipfel

Die Annäherung erfolgt sachte, aber respektvoll. Baden-Württembergs Höchster ist kein spitzer, zackiger, hoch aufragender Gipfel. Der Feldberg ist eher ausladend und breit. Immerhin markiert er mit 1493 Metern über NN den höchsten Punkt Deutschlands jenseits der Alpen, ist gleichzeitig höchste Erhebung aller deutschen Mittelgebirge. Und er hat durchaus auch seine Eigenheiten: So kann es passieren, dass in den Gipfellagen Nebelschwaden oder Wolken wabern, während rundherum die Sonne lacht. Und umgekehrt: Vor allem bei Inversionswetterlagen liegt der waldfreie Gipfel majestätisch über der schier undurchdringlichen Wolkensuppe in den Tallagen. Dieses häufiger im Winter anzutreffende Wetter beschert Besuchern einen atemberaubenden Rundblick über die Vogesen im Westen, die Schwäbische Alb im Osten und die Alpen im Süden, bis hin zu deren höchstem Gipfel, dem Montblanc in Frankreich. Dass ein Berg mit solchen Vorzügen und Besonderheiten genutzt, benutzt und mitunter auch missbraucht wird, ist zumindest nachvollziehbar. Die Widersprüche der modernen Zivilisation treten hier deutlich zutage, so sehr man sich eine friedliche Koexistenz von Event, Erlebnis und Erhalt alles Schützenswerten auch wünschen mag.

So sind Teile des Berges als Skigebiet erschlossen, dem größten Deutschlands außerhalb der Alpen. Etliche Lifte schaufeln im Winter täglich Tausende Winterurlauber den Berg hinauf. Sendeanlagen sorgen für guten Empfang. Es sind auch die Segnungen der modernen Zivilisation, die den Berg bekannt und beliebt machen. Im Kalten Krieg wurde der Feldberg sogar militärisch stark genutzt. Gleichzeitig befindet sich hier oben das älteste und größte Naturschutzgebiet Baden-Württembergs. Einzigartig ist die subalpine Vegetation, mindestens ebenso ungewöhnlich aber sind die Relikte aus der Eiszeit – die von einem Gletscher zeugenden Endmoränen, Moore, Seen und Kare. Die Jahresdurchschnittstemperatur liegt noch heute bei nur knapp über drei Grad. Dennoch sind die Winter aufgrund der Klimaerwärmung inzwischen weniger sicher und stabil als früher.

➜ *www.gemeinde-feldberg.de*, ➜ *www.liftverbund-feldberg.de*.
TIPP: Das Haus der Natur am Feldberg beherbergt sowohl das Naturschutzzentrum (➜ *www.naz-feldberg.de*) als auch die Geschäftsstelle des Naturparks Südschwarzwald (➜ *www.naturpark-suedschwarzwald.de*).

32 IMMENDINGEN

Wo die Donau verschwindet

Gerade noch rauschte die Donau durchs Flussbett – nun scheint es, Sekunden später, als spielte sie uns einen Streich, sei von der Erde verschluckt. Wir stehen im Trockenen. Steine, ein paar Pfützen, das ist von dem größten und längsten Fluss Europas geblieben, der fast 2900 Kilometer entfernt ins Schwarze Meer mündet. Die junge Donau hält viele Rätsel bereit. Die Versickerung oder besser: Versinkung, weil das Wasser sich nicht im Erdreich verteilt, sondern in unterirdischen Hohlräumen abfließt, ist nur eines davon. In den südwestdeutschen Kalkgebirgen ist dieser Vorgang nicht ganz ungewöhnlich. Auch der Blautopf bei Blaubeuren verdankt sich unterirdischen Quellen, die sich aus dem auf der Albhochfläche abgeflossenen Wasser speisen.

Das Naturschauspiel vollzieht sich in ganz ähnlicher Weise zwischen Immendingen und Möhringen im Kreis Tuttlingen. Im zwölf Kilometer entfernten Aachtopf kommt das Donau-Wasser wieder zum Vorschein und fließt dann, kurios genug, bei Radolfzell dem Bodensee und damit dem Rhein zu, jenem anderen großen europäischen Strom, der in die Nordsee mündet. Eine vollständige Versinkung findet nicht übers ganze Jahr hinweg statt. Doch vermuten Wissenschaftler, dass die heutige Obere Donau dereinst komplett in der Radolfzeller Aach „verschwinden" könnte. Aber auch die bisherige Donauquelle ist nicht unumstritten. Nahe dem Fürstlich Fürstenbergischen Schloss in Donaueschingen können Touristen die von einer Skulpturengruppe umkränzte Donaubachquelle besichtigen. Nach landläufiger Ansicht macht erst der Zusammenfluss von Brigach und Breg die Donau, ein paar Kilometer entfernt. Und schließlich ist da noch die Furtwangen-Fraktion, welche die Bregquelle an der dortigen Martinskapelle als Donau-Ursprung betrachtet. Wie dem auch sei, in jedem Fall bergen gerade die ersten Kilometer des langen Stroms viele Überraschungen und Naturwunder. Dazu gehört auch der nahe Donaudurchbruch bei Beuron im Kreis Sigmaringen, wo beidseits des Flusses hohe, schroffe Kalkfelsen emporragen.

→ *www.immendingen.de*, → *www.donaubergland.de*.
TIPP: Zwischen Donauversickerung und Donaudurchbruch sind einige der schönsten Wanderrouten Baden-Württembergs zu finden.

33 WUTACHSCHLUCHT

Little Canyon vom Schwarzwald

Soeben noch hatten weite, wogende Getreidefelder das Bild der Landschaft bestimmt. Wenige Kurven und Serpentinen tiefer, unterhalb der Baar bei Bonndorf, finden wir uns in einer anderen Welt. Schroffe, zum Teil überhängende Felswände, Wasserfälle unter Stein mit Macht hervorquellend oder über bemooste Felsen in feinsten Rinnsalen herabtröpfelnd, Waldabschnitte mit einem einzigartigen Wechselspiel von Licht und Schatten, ein gurgelnder Bach mit Stromschnellen und kleinen Fällen, der sich unmittelbar darauf träge erholt und in immer neuen Windungen und Wendungen gen Osten zieht. Dem Zauber der Wutachschlucht kann sich kaum jemand entziehen. Und die Tatsache, dass sich Wanderer dieses einzigartige Naturerlebnis im Schweiße ihres Angesichts und mitunter auch – ob der ausgesetzten Passagen – mit zusammengebissenen Zähnen regelrecht erarbeiten müssen, setzt noch eins drauf.

Die Wutachschlucht, deren Reize schon frühere Generationen für sich entdeckten, befriedigt auch erlebnishungrige moderne Menschen, die auf der klein gewordenen Welt schon so manches gesehen und entdeckt haben. Zwischen 60 und fast 200 Metern hat sich die aus dem Hochschwarzwald kommende Wutach ins Gestein gefräst. Gegraben hat sie dabei einen natürlichen Profilschnitt durch fast alle Gesteinsschichten des Süddeutschen Schichtstufenlandes. Dieser durch Tiefenerosion entstandene Schnitt erklärt die atemberaubende Vielfalt von geologischen Formationen und von hier heimischen Pflanzen und Tieren. Es fängt beim Grundgebirge (meist Granit) an und geht über die Trias (Buntsandstein, Muschelkalk, Keuper) bis zum Jura. Besonders eindrucksvoll sind die Muschelkalkwände zwischen Schatten- und Wutachmühle. Touristisch gehört die Schlucht heute den Wanderern. Einst herrschte um Bad Boll bei Bonndorf sogar Kurbetrieb, und an der Wende vom 19. zum 20. Jahrhundert war die Schlucht ein ausgesuchtes Ziel mondäner britischer Angeltouristen. Am Engländerfelsen ist einst ein Brite zu Tode gekommen.

→ *www.wutachschlucht.de.* **TIPP:** Wandern mit dem Wanderbus in den Sommermonaten – so lässt sich der Rückweg vermeiden.

34 DER BELCHEN

Kahl, keltisch, Kultstätte

Schon von Weitem fällt er auf, etwa vom Rheintal aus: Einem breiten Elefantenrücken gleich strebt der Belchen empor und hebt sich zugleich deutlich ab von den ihn umgebenden Gipfeln und Höhenzügen. Aus dem Münstertal ragt er rund tausend Meter hoch auf. Steil fallen die Hänge ab, alpin mutet der in den Hochlagen baumlose Berg an. Doch auch nach Süden hin, zum Kleinen Wiesental fällt der Gipfel mehr als 800 Meter tief ab. Vom wohl markantesten Schwarzwaldberg aus ist auch die Aussicht am schönsten. Südwestlich vom Feldberg gelegen, gibt der Belchen den Blick frei nach Süden zu den Alpen und nach Westen zum Rheintal und dem Elsass hin. Der kahle Gipfel mit seiner subalpinen Flora und Fauna gab seit jeher zu Spekulationen und Legendenbildung Anlass. Es wird gemeinhin angenommen, dass der Strahlende (dem aus dem Keltischen stammenden Namen zufolge) eine heilige Stätte dieses geheimnisvollen Volkes war, dass hier oben dem Sonnengott gehuldigt wurde.

Damit nicht genug, wird immer wieder behauptet, sowohl der Schweizer Belchen im Jura wie auch der Elsässer Belchen (Ballon d'Alsace) in den Südvogesen befänden sich in einem direkten Bezug zum Schwarzwälder Gipfel dieses Namens. Gemeinsam bilden sie ein nahezu rechtwinkliges Dreieck. Schließlich stehen die Berge auch noch auf angenommenen Peilachsen für Sonnenauf- bzw. Sonnenuntergang sowie die Sommersonnwende. Zufall?

Die Alemannen scheinen das Wort Belchen in ihre Sprache übernommen zu haben; hier steht es allerdings für den kahlen, blanken Gipfel, der im Winter zu einer Schneekuppe wird. Der Gipfel besteht aus Granit, zum Teil mit Flechten überwachsen. Auf den Steilhängen herrscht dagegen Gneis vor. Mehr als 1000 Jahre lang wurde im Gebiet um den Belchen Bergbau betrieben, unter anderem baute man Erz und Silber ab. Seit gut 150 Jahren entfaltet sich der Tourismus rund um den markanten Berg.

→ *www.belchen-seilbahn.de*, → *www.bergwelt-suedschwarzwald.de*.
TIPP: Auf den Gipfel bei Sonnenaufgang oder Sonnenuntergang – ein besonderes Erlebnis.

35 RÖMERBAD IN BADENWEILER

Wellness schon für die Römer

Empfangs- und Umkleideräume, Schwitzräume, Kaltwasserbecken, steinumfriedete Terrassen und eine ausgeklügelte Fußbodenheizung – die alten Römer scheinen schon ziemlich viel von Wellness verstanden zu haben. Denn in den Ruinen des Römerbades von Badenweiler fehlt es an nichts.

Vor gut 2000 Jahren gliederten die Römer den heutigen Südwesten Deutschlands in ihr Weltreich ein. Und sie dachten dabei beileibe nicht nur an Kriege und Eroberungen, sondern sie ließen es sich, wo immer sich das anbot, gut gehen. Thermalquellen zogen sie ganz besonders an. Und so entstand wohl auch dieses Bad an den südwestlichen Ausläufern des Schwarzwaldes, das heute zu den am besten erhaltenen Thermen nördlich der Alpen zählt und zugleich eines der ältesten Bauwerke Baden-Württembergs ist. Ein weit geschwungenes Glasdach konserviert den historisch bedeutsamen Fund und informiert Besucher über die römische Badekultur. Zu den erhaltenen Ausstellungsstücken zählt auch ein Weihealtar für die Göttin Diana, denn schließlich sollten Quellgottheiten den Kurerfolg auch in übersinnlicher Hinsicht garantieren.

Spätere Bewohner der Region waren indes offensichtlich weniger badefreudig, denn Therme und Saunen fielen nach dem Abzug der Römer in einen jahrhundertelangen Dämmerschlaf. Erst Markgraf Karl Friedrich von Baden interessierte sich wieder für das Bad und ließ die Reste Ende des 18. Jahrhunderts wieder freilegen. Direkt daneben entstand Ende des 19. Jahrhunderts ein klassizistisches Marmorbad im pompejanischen Stil, das immer wieder erweitert wurde. Die heutige Cassiopeia-Therme gehört sicher zu den attraktivsten Badetempeln weit und breit und zieht Gäste auch aus dem Ausland an. Unter die vielen Franzosen und Schweizer mischen sich gelegentlich auch Russen. Sie zieht es zum Tschechow-Denkmal im Kurpark oder zum Tschechow-Salon im Kurhaus Badenweilers. Denn auch den russischen Dramatiker Anton Tschechow lockten das angenehm-milde Klima und die landschaftlichen Reize des Markgräfler Landes hierher.

ADRESSE: Kaiserstraße 7, 79410 Badenweiler, → *www.badruine-badenweiler.de.* **TIPP:** Nur wenige Meter von der römischen Badruine entfernt liegt das Grandhotel Römerbad, ein Haus mit prachtvoller Vergangenheit.

36 VITRA DESIGN MUSEUM IN WEIL

Im Pantheon des Designs

Das Vitra-Museum in Weil am Rhein liegt etwas außerhalb des Kernortes an der Charles-Eames-Straße. Das sollte Zeichen genug sein. Der Designer des legendären Lounge-Chairs findet an diesem Ort am Dreiländereck eine Huldigung wie kaum sonst irgendwo. Freilich war das Museum zuerst da, dann wurden die Straßen getauft. Und welch beeindruckendes Ensemble ist dabei entstanden! Der Vitra Campus ist ein Muss für Architektur-Freaks, wegen der Schaustücke, wegen der Liebe zum Detail.

Designliebhaber sind entzückt, weil sie im Vitra-Museum alle industriell gefertigten Klassiker bewundern können: die Produktionspalette von Ray und Charles Eames aus den 50ern natürlich, doch auch die anderen klingenden Namen finden sich im Museum, darunter der Cone Chair und der „C1“ von Verner Panton oder der Coconut Chair von George Nelson, bis hin zu heutigen Designern, die für Vitra Zeitloses gestalten. Sie alle werden im Vitra-Werk nebenan noch immer nachgebaut. Im Fall des Eames Chairs ist das auch zu besichtigen – sofern man sich diesen Sessel bestellt hat. Doch nicht nur Stühlen, auch weiteren Möbelklassikern wird im Vitra-Museum eine Bühne geboten. Seit mehr als 50 Jahren werden in Weil am Rhein Möbel entworfen und gebaut.

Erst der Mix aus Handwerk und Inszenierung macht allerdings das Einzigartige aus. 1989 fing es an mit der vom kalifornischen Architekten Frank Gehry entworfenen Gallery. Dann expandierte das Areal. Namhafte Architekten wollten sich und dem Design dort ebenfalls ein Denkmal setzen. Die iranische Architektin Zaha Hadid baute 1993 ein Feuerwehrhaus, bei dem Schwindelfreiheit gefordert ist. Tadao Ando entwarf im selben Jahr einen Konferenzpavillon. Neuerdings ist das Vitra-Haus samt Lounge Chair Gallery zu besichtigen, ein Häuserkuddelmuddel vom Feinsten des Basler Architektenduos Herzog & de Meuron. Wie ineinandergeschoben wirken die einzelnen Giebelbauten, die nur an der Frontseite verglast sind und, je nach Richtung, den Blick freigeben auf das Markgräfler Land und die vielen Kirschbäume.

ADRESSE: Charles-Eames-Str. 2, 79576 Weil am Rhein, → *www.design-museum.de.* **TIPP:** Kein Aufruf zum Konsum, aber ein Besuch des Vitra-Shops ist ein Muss!

37 BAD SÄCKINGEN

Autofreie Brückentage

Brücken hinüber zur Schweiz – und umgekehrt – gibt es am Hochrhein einige. Die Holzbrücke in Bad Säckingen ragt indes heraus. Wuchtig stehen die ummauerten Betonpfeiler im Rhein. Darüber eine lang gezogene Holzüberdachung aus Eichen- und Fichtenholz. Von innen an der Decke ist die Konstruktion aus dicken, gekreuzten Balken zu sehen. Sieben Öffnungen erlauben Blicke auf das Wasser oder die teils bezaubernden Ufersilhouetten der Städte dies- und jenseits des Rheins. An zwei Stellen wurden, exponiert, Kapellen als kleine Fachwerkhäuschen eingebaut. Unweigerlich fühlt man sich an Luzern und die dortige Kapellbrücke erinnert wie überhaupt an die Schweiz, wo Holzbrücken mehr Tradition haben als bei uns. Die Bad Säckinger Brücke soll indes die längste überdachte Holzbrücke Europas sein mit ihren 206,5 Metern Länge. Die Luzerner Brücke ist nur 202,9 Meter lang. Die Säckinger dürfte aber auch eine der ältesten sein. Erstmals wurde sie 1272 urkundlich erwähnt – also zu Zeiten, da längst nicht ausgemacht war, wem diese alemannische Region einmal zufallen würde. Sie soll dem Säckinger Stift gehört haben, dessen Besitzungen sich bis weit jenseits des Rheins erstreckten. Im 16. Jahrhundert wurde die Brücke wiederholt durch Hochwasser oder Brände zerstört und wieder aufgebaut. Die Brücke befindet sich in städtischem Besitz, auch wenn in der Mitte des Rheins die Staatsgrenze verläuft.

In den 60er- und 70er-Jahren fuhren die „Säckinger“ noch mit dem Auto drüber. Heute kaum mehr vorstellbar. Denn wirklich breit ist der Tunnelraum nicht. Vielleicht mit dem Gogomobil oder einer Isetta? Mit Auto und Motorrad war erst 1979 Schluss, als die zweite Säckinger Brücke hinüber zur Schweiz fertiggestellt war und die Holzbrücke fortan „Alte Rheinbrücke“ hieß. Am anderen Ende der dunklen Röhre kommt man in der Schweizer Gemeinde Stein im Kanton Aargau heraus. Das können nun nur mehr Fußgänger und Radler erleben. Einen Abstecher ist diese etwas verwitterte Holzdachbrücke dennoch allemal wert. Das Brückendach umfängt einen wohlig.

→ *www.bad-saeckingen.de.* **TIPP:** Abstecher zu Schloss Schönau und Scheffels „Trompeter von Säckingen“ als Skulptur entdecken. Und: In die Schweiz nach Stein hinüber bummeln auf einen Schümli.

38 STUPPACHER MADONNA

Marias Lächeln füllt die Kirche

Erst kürzlich ist sie aufwendig restauriert worden, von den Experten des Landesamts für Denkmalpflege und unter Zuhilfenahme von Infrarotkameras, Laserlicht sowie feinsten Spezialpinseln – die fast zwei Meter hohe Stuppacher Madonna des Würzburger Meisters Matthias Grünewald. Ein Hochsicherheitstransporter hatte das mit einer zweistelligen Millionensumme versicherte Gemälde dazu eigens nach Esslingen gebracht. Zuvor hatte es schon mal auf einer weltweit beachteten Ausstellung in Dresden gastiert. Die eigentliche Heimat aber ist die Pfarrkirche Mariä Krönung in dem 700-Seelen-Dorf Stuppach, heute ein Stadtteil von Bad Mergentheim.

Neben dem Isenheimer Altar ist die Madonna das Hauptwerk von Matthias Grünewald. Er hatte das Bild mit der fast lebensgroßen Maria mit dem Kinde Anfang des 16. Jahrhunderts für die Stiftskirche in Aschaffenburg gefertigt. Wenige Jahre später verliert sich die Spur des Gemäldes. Ist es verschenkt worden? In wessen Hände geriet das Bild, das nach Auffassung ihrer heutigen Besitzerin, der Diözese Rottenburg-Stuttgart, „den Höhepunkt und die theologische Vollendung einer fast tausendjährigen Geschichte des Marienbildes“ darstellt? Erst bei der Auflösung des Deutschen Ordens taucht es 1809 im Deutschordensschloss von Bad Mergentheim wieder auf. Drei Jahre später kauft Balthasar Blumhofer, Pfarrer der Deutschordenspfarrei Stuppach, das Gemälde. Man schreibt es damals Rubens zu. Viel schlimmer ist, dass es wiederholt unsachgemäß und je nach Zeitgeschmack übermalt und restauriert wird. Erst Ende des 19. Jahrhunderts wird die Schöpfung Grünewalds erkannt. Auch Menschen, die kunsthistorisch wenig bewandert sind, lassen sich gefangen nehmen von der Leuchtkraft der Farben, der plastisch-räumlichen Wirkung der Szenerie, dem Lächeln Marias und dem spielenden Jesuskind. Hinter diesem zentralen Motiv verbirgt sich eine tiefe Symbolik: Maria ist zugleich die Mutter der Kirche, das spielende Kind zugleich der leidende Gott.

ADRESSE: Grünewaldstraße 45, 97980 Bad Mergentheim, ➜ *www.stuppacher-madonna.de.* **TIPP:** Das Deutschordensmuseum im Zentrum Bad Mergentheims ist bekannt für seine ungewöhnlichen Ausstellungen (➜ *www.deutschordensmuseum.de*).

39 ORANGERIE VON SCHLOSS WEIKERSHEIM

Putten, Palmen und ein Passepartout

Seit einigen Jahren kann man die Orangerie des Schlosses Weikersheim für allerhand Feste anmieten. Dort wird geheiratet, getagt, gesungen oder Geburtstag gefeiert. Und immer hoffen die Festarrangeure darauf, dass das Wetter einigermaßen hält. Denn erst dann entfaltet die Orangerie ihren ganzen Charme. Wird es Abend, schauen die Gäste durch riesige Glasflächen über den langen Lustgarten mit seinen Brunnen und Skulpturen auf das beleuchtete Schloss. Am Tag aber verwandelt sich die Orangerie mit ihrer Triumphbogenarchitektur in einen Luftikus. Steht man mit dem Rücken zum Schloss und schaut herüber, tut sich hinter der Orangerie die hügelige Landschaft des lieblichen Taubertals auf. Die Orangerie ist dann nur eine Art Passepartout, ein lichter Rahmen für das eigentliche Schauspiel: die Natur. Ein klassischer Belvedere-Bau eben.

Das zweiflügelige Gebäude wurde erst 1997 renoviert und mit neuen, riesigen Glasfenstern versehen. Die Unterteilungen erinnern stilgerecht an Bleieinfassungen. Es sind hohe, luftige Räume, sie sollten schließlich selbst die größten Zitruspflanzen, Lorbeer, Zypressen und Palmen über den Winter hinweg schützen. Der Garten zwischen Schloss und Orangerie ähnelt manch anderem Barockensemble. Doch die Bildhauerfamilie Sommer durfte sich zu Beginn des 18. Jahrhunderts offenbar ganz und gar der Fantasie hingeben. Die 70 Skulpturen sind höchst verspielt geraten. So findet sich eine Zwergengalerie mit keck dreinschauenden Trommlern, Faulpelzen oder Hirtinnen, aber auch eine Riege antiker Göttinnen und Götter, vermenschlichte Naturelemente und Putten aller Art. Die Orangerie bildet das Ende dieses lustigen Lustgartens. Nicht bekannt ist, ob bei der Renovierung eine Rolle spielte, dass der erzkonservative CDU-„Studienkreis“ Weikersheim in diesem bezaubernden hohenlohischen Städtchen seinen Sitz hatte und der damalige Finanzminister Gerhard Mayer-Vorfelder hieß. Geld sprudelte jedenfalls kräftig. Heute kann man froh sein darüber.

ADRESSE: Marktplatz 11, 97990 Weikersheim, ➜ *www.schloss-weikersheim.de.* **TIPP:** Durch die Gässchen von Weikersheim streifen und auf dem hergerichteten Marktplatz verweilen.

40 BESUCH IN CREGLINGEN

Fingerhüte und filigrane Figuren

Diesen Ort in Hohenlohe muss man „im Doppelpack" erkunden. Das wissen diejenigen, die sich entlang der Romantischen Straße Richtung Rothenburg ob der Tauber bewegen, nicht selten Japaner oder Amerikaner, recht genau. Im Ortsteil Kohlesmühle steigt man aus. Dann stellt sich die Frage: Zuerst ins Fingerhutmuseum oder zur Hochkultur?

Beides lohnt gleichermaßen, kostet gleich wenig und ist wieder einmal der Beweis, dass man das eine gegen das andere nicht ausspielen sollte. Also zuerst ins Fingerhutmuseum. Auf kleiner Schaufläche stehen die Vitrinen und in die Wand eingelassenen Schauregale. Zu gerne würde man einmal die Miniaturen anfassen, so zart gearbeitet sind sie: Sie stammen aus der ganzen Welt, sind aus Metall, Holz, Porzellan, Jade, Elfenbein gefertigt, ja sogar gehäkelt und mit Zucker versteift. Man erfährt, dass Deutschland einmal das Zentrum der Weltfingerhutproduktion war und schon die Neandertaler mit „Drücksteinen" die Nadel ins Leder stießen. Mehr als 4000 Fingerhüte mit Tieren, Blumen oder Lady-Di-Motiv sind ausgestellt, gestanzte, gelöcherte, geklebte, dazu Musterwalzen und allerhand Nähtinnef.

Schräg gegenüber, nur einen kleinen Berg hinauf, steht die etwas geduckte Creglinger Herrgottskirche. Der Marienaltar von Tilman Riemenschneider, den sie beherbergt, ist schon auf Fotografien beeindruckend, in der Realität allerdings noch viel mehr. Er steht, ungewöhnlich, mitten im Kirchenraum. Das Auge, inzwischen fürs Detail geschult, sollte auch dieses Mal nah heran an die ausdrucksstarken Figuren und das filigrane Rankengeflecht. Denn der Schnitz-Meister aus Würzburg hat die Szenen aus dem Leben Marias in den drei Nischen fein gearbeitet. Warum sich der Riemenschneider-Altar ausgerechnet gegenüber der Creglinger Kohlesmühle im Taubertal findet, ist eine eigene Geschichte: An dieser Stelle soll ein Bauer beim Pflügen 1384 eine Hostie gefunden haben. Aus Dankbarkeit wurde die Wallfahrtskapelle errichtet und sehr viel später mit dem Aufsatz von Riemenschneider veredelt.

→ *www.herrgottskirche.de*, → *www.fingerhutmuesum.de.* **TIPP:** Einkehr ins Lokal Kohlesmühle. Udo Schink hat es als Gastwirt ohne Augenlicht schon zu einiger Berühmtheit gebracht.

41 MUSTANG IN KÜNZELSAU

Urzelle der deutschen Jeansproduktion

Sechs Flaschen Hohenloher Schnaps gegen ein paar Jeans, mutmaßlich abgenutzt und schon ziemlich verwaschen: Ein Geschäft zum wechselseitigen Nutzen zwischen dem Künzelsauer Albert Sefranek und einem in Deutschland stationierten GI im Jahr 1948 – das ist der sagenhafte Beginn einer deutschen Jeans-Produktion. Gar einer deutschen Jeans-Marke, die weltweit bekannt werden sollte. Ein kleines, feines Museum mitten in der Hohenloher Kreisstadt erzählt diese und andere Geschichten, lebendig, multimedial und interaktiv. Als Sefranek seine „Schnapsidee" verfolgt, ist der Zweite Weltkrieg vor eben erst drei Jahren zu Ende gegangen, die Bundesrepublik Deutschland noch nicht einmal gegründet. Und auch ein anderer Künzelsauer, Adolf Würth, legt den Grundstein für seine Schraubenhandlung erst drei Jahre später. Sefranek arbeitet damals im Textilunternehmen seiner Schwiegermutter, Luise Hermann. Deren Geschäft, die Ausstattung von Wehrmacht und Reichsarbeitsdienst, ist schlicht weggebrochen. Die neue Idee verfängt, wenn auch Vorbehalte und Vorurteile ausgeräumt werden müssen: die enge Röhrenhose gilt als unanständig. Wenige Jahre später ist der Durchbruch geschafft. Der populär werdende American Way of Life und das James-Dean-Lebensgefühl tun ein Übriges, um die Jeans – auf Neudeutsch gesprochen – hip und trendy erscheinen zu lassen. 1958 wird die Marke Mustang geboren, und bereits 1961 kommt die weltweit erste Stretch-Jeans auf den Markt – aus der nordwürttembergischen Provinz.

Zuvor schon hatten Sefranek und sein Schwager Rolf Hermann eine Frauen-Jeans kreiert, unter dem „Decknamen" einer „Girls-Camping-Hose". Auch sie ist im Museum zu sehen. Das Unternehmen erlebt bewegte Zeiten, manches Auf und Ab. Zunächst haben die Hohenloher jede Menge Rückenwind. Nach all den Innovationen nimmt Mustang in den 60ern, in Zeiten von „Flowerpower", Woodstock und Rebellion einen ordentlichen Aufschwung. Heute reichen Jeans allein zum wirtschaftlichen Erfolg nicht mehr aus. Mustang hat sich mittlerweile zu einer Lifestyle-Marke fortentwickelt. In der Gründervilla von Luise und Heinrich Hermann wird auch diese Geschichte erzählt.

ADRESSE: Austraße 10, 74653 Künzelsau, ➜ *www.mustang-museum.de.*
TIPP: Im Stadtteil Gaisbach empfiehlt sich das Museum Würth für einen Besuch (➜ *www.kunst.wuerth.com*).

42 KOCHERTALBRÜCKE

Ein Superlativ in Beton

Dieser spektakuläre Ort muss mit einer kleinen Paradoxie auskommen. Wer über sie brettert, und das sind viele Tausend jeden Tag, sieht ihr atemberaubendes Erscheinungsbild nicht. Erst mit einigem Abstand wird klar, welch Wahnsinnsbauwerk hier in der hohenlohischen Provinz steht: die Kochertalbrücke bei Geislingen. Sie ist mit 185 Metern die höchste Brücke in Deutschland. Und nach dem Viaduc de Millau in Südfrankreich die zweithöchste der Welt. Weit spannt sie sich über dem tiefen Tal, das keine Klüfte wie in den Alpen zu bieten hat, sondern weiche, bewaldete Hügel. Umso mehr kontrastiert das helle Grau dieser gewaltigen Brücke mit der Umgebung. Der höchste Pfeiler misst 178 Meter – darunter passte das Ulmer Münster, immerhin der höchste Kirchturm der Welt.

Zwischen 1977 und 1979 wurde die Kochertalbrücke als Spannbetonkonstruktion mit 1128 Metern Länge gebaut. Auf ihr führt die Bundesautobahn A 6 von Heilbronn nach Nürnberg. Für die Konstrukteure war es nicht gerade einfach, die Pfeiler in den Untergrund zu versenken.

Am besten lässt sich dieses imposante Bauwerk bestaunen, wenn man sich auf dem asphaltierten Kocher-Jagst-Radweg talabwärts auf die das ganze Tal überspannende Brücke zubewegt. An Maisfeldern entlang geht es neben dem Kocher von Schwäbisch Hall nach Braunsbach. Und auf einmal teilt diese gewaltige Brücke mit ihren sieben Pfeilern den Himmel. Das irritiert im ersten Moment. Dann wieder besticht die in dieser üppigen Naturlandschaft bedingungslos wirkende Klarheit der Konstruktion. Dass die Brücke auf Selbstmörder anziehend wirkt, haben die Menschen im nahen Geislingen von ihrem Bau an bis heute zu verkraften. Seit einigen Jahren sind die Brückenseiten mit einem hohen Zaun verhängt. Ins schöne Kochertal kann man nicht mehr blicken. Wer auf der A 6 über die Brücke rauscht, merkt es nur noch am Parkplatzschild „Kochertalbrücke".

→ *www.brueckenweb.de.* **TIPP:** Mit dem Rad auf dem Kocher-Jagst-Weg unten durchfahren!

43 SCHLOSS LANGENBURG

Wibele für die Queen

Das Video hat Kultcharakter: Es zeigt – im Jahre 1965 – Queen Elisabeth II. mit ihrem Mann, Prinz Philip, im Halbdunkel. Zu hören ist der damalige Langenburger Bürgermeister, der artig und in angestrengtem Englisch die Gäste begrüßt, welche eigens zum Staatsbesuch bei der Hohenloher Verwandtschaft vorbeischauen. Dabei ist es ihm eine Ehre, der britischen Königin auch Wibele anempfehlen zu dürfen, das heimische Biskuitgebäck aus zwei zusammenhängenden Teigtropfen, eine Langenburger Spezialität.

Tatsächlich ist Fürst Philipp zu Hohenlohe-Langenburg, damals noch gar nicht geboren, mit dem Gatten der Monarchin verwandt. Dessen Schwester Anne Mountbatten-Windsor ist eine seiner Patentanten. Der heutige Schlossherr von Langenburg ist somit ein Cousin von Prinz Charles. Sein prächtiges Anwesen gefiele der englischen Verwandtschaft ganz bestimmt, auch wenn Fürst Philipp in der britischen Thronfolge erst auf Platz 189 steht. Die Freude an einer nachhaltigen Land- und Forstwirtschaft teilen sie miteinander, der deutsche und der englische Prinz.

Das stattliche Renaissance-Schloss mit den dicken Türmen steht hoch über dem Jagsttal. Besonders der Innenhof begeistert mit seinen Giebeln, Galerien und Treppentürmen stilbewusste Architekturfreunde. Ebenfalls in den 60er-Jahren, nur zwei Jahre vor dem Besuch der Queen, beschädigte ein verheerender Brand Teile des Schlosses, das allerdings wieder liebevoll restauriert worden ist. Von dem malerischen Städtchen mit dem historischen Kern über die ehemalige Zugbrücke zum Schloss sind es nur wenige Schritte. Herrschaft und Bürger sind hier nah beieinander, eine gelebte und praktizierte Nachbarschaft. Noch heute ist Hohenlohe Fürstenland mit zahlreichen Residenzen, Schlössern, Burgen. Allenthalben finden sich auch noch „amtierende" Prinzen und Fürsten, Repräsentanten der vielen Seitenlinien des Hauses Hohenlohe. Eine sogar im historisch zersplitterten Deutschland ziemlich einmalige Ansammlung von Duodezfürstentümern und Zwergstaaten hat der Region ein reiches historisch-kulturelles Erbe beschert.

ADRESSE: Schloss 1, 74595 Langenburg, → *www.schlosslangenburg.de.*
TIPP: Direkt neben dem Schloss locken zwei ganz unterschiedliche Attraktionen – ein Waldkletterpark und das Deutsche Automuseum (Menschen, Autos & Geschichten).

44 JAGSTHAUSEN

Wo Götz von Berlichingen fluchte

Alte Darstellungen und Kupferstiche zeigen einen Herrn mit schütterem Haar, kantigem Quadratschädel und beachtlicher Knollennase. Es kann kein Zufall sein, dass Götz von Berlichingen in seiner hohenlohisch-fränkischen Heimat nach wie vor eine so hohe Präsenz, dass die historische Figur auch so viel Niederschlag in der Literatur gefunden hat. Etwa im gleichnamigen Drama Johann Wolfgang von Goethes, aber beispielsweise auch bei Wolfgang Amadeus Mozart, welcher den berühmt gewordenen schwäbischen Gruß „Leck mich am Arsch" in einem Kanon aufgriff.

Die Götzenburg in Jagsthausen widmet dem Ritter noch heute ein lebendiges Andenken. Besucher können die eiserne Hand des gefürchteten Mannes und einige seiner Waffen bestaunen. Ob er auf dieser Burg oder im nahen Berlichingen geboren wurde, ist nicht gesichert. Es muss um 1480 herum gewesen sein. Einige Jahre der Kindheit hat er auf jeden Fall in Jagsthausen zugebracht. Später zog er ohnehin viel herum, beteiligte sich an jeder denkbaren Fehde, nahm an Plünderungen teil, zog mal mit diesen, mal mit jenen Rittern in den Krieg, landete auch des Öfteren im Gefängnis. Das eine Mal stellte er sich in den Dienst der Bauern, später ließ er sich auch mal vom Kaiser anheuern. Denn die Zeiten, als die Ritter noch macht- und einflussreiche Herren waren, verrannen. Jetzt boomten die Städte, und der Stand der Kaufleute profitierte vom Wandel.

Für einen Ritter in damaligen Zeiten lebte Götz indes erstaunlich lange: Erst 1562 starb er auf Burg Hornberg bei Neckarzimmern. Seine letzte Ruhestätte wiederum fand er im Kloster Schöntal. Die Götzenburg bildet heute eine wildromantische Kulisse für die Burgfestspiele Jagsthausen. Dort, wo das Kind für spätere Kämpfe vermutlich mit harmlosem Holzspielzeug übte, lebt und residiert heute die Nachfahrin Alexandra Freifrau von Berlichingen mit ihrem Ehemann, dem ehemaligen Bundespräsidenten Roman Herzog.

ADRESSE: 74249 Jagsthausen, → *www.goetzenburg.de*. **TIPP:** Ein besonderes Erlebnis ist der Besuch einer Aufführung unter freiem Sommerhimmel, → *www.jagsthausen.de/burgfestspiele/*).

45 BAD WIMPFEN

Ein Stücksche Hessen in Baden-Württemberg

An der Rathaus-Wand prangen vier Wappen: das staufische, jenes der Reichsstadt, das von Hessen und schließlich das baden-württembergische. Zum Land – dessen Vorgängerstaaten und -gebilde eingeschlossen – gehört das Städtchen, das wie eine mittelalterliche Filmkulisse über dem Neckar situiert ist, erst seit 1952. Eine historische Kuriosität: Nach dem Reichsdeputationshauptschluss im Jahre 1803 kam es zwischen Baden und Hessen zum Streit um das Wimpfener Stift. Da das übrige Territorium Badens zu jener Zeit noch weit entfernt lag, ließ sich das damalige Kurfürstentum zu einem Gebietstausch mit Hessen überreden und gab Wimpfen weg. In den Jahren danach annektierten die beiden neuen Staaten Baden und Württemberg die Gebiete rundherum und teilten sie unter sich auf. So wurde die ehemalige Stauferstadt unversehens zur hessischen Exklave.

Weit entfernt vom Großherzogtum genossen die Wimpfener faktisch Autonomie. Noch zur Zeit des Zweiten Weltkriegs gehörte die Stadt zum hessischen Kreis Bergstraße. In der Nachkriegszeit entbrannte dann der Streit um die Zugehörigkeit erneut. Schließlich erbrachte eine Befragung der Bürger 57 Prozent Zustimmung für eine Angliederung an den Kreis Heilbronn. Eine Änderung der gegenwärtigen Lage strebt Wiesbaden nicht mehr an. Gleichwohl kann man allenfalls von einer Duldung zweiter Klasse sprechen, erklärte Hessen doch zu Beginn der 60er-Jahre, dass Bad Wimpfen „in Verwaltungsrechtsprechung und Gesetzgebung wie ein Bestandteil Baden-Württembergs behandelt wird“. Den Touristen ist es eh Wurst, für sie ist die größte Kaiserpfalz nördlich der Alpen Pflichtprogramm in der Sightseeing-Tour. Zu Recht: Schon Kelten und Römer liebten das Plätzchen. Kaiser Otto I. erteilte Wimpfen 965 das Marktrecht. Innerhalb der bewehrten Burganlage hielten die Kaiser Hof und sprachen Recht. Der Sehenswürdigkeiten sind viele, so der Blaue Turm, Stadttore, ein eindrucksvoller Profanbau aus der Stauferzeit, Kirchen und Kapellen, ehemalige Spitäler und Höfe, Türmchen innerhalb der Befestigung und die Palas-Arkadenfenster, Fachwerkhäuser – der gesamte historische Stadtkern steht unter Denkmalschutz.

→ *www.badwimpfen.de*. **TIPP:** Im nahe gelegenen Bad Friedrichshall kann man ein Salzbergwerk besichtigen (→ *www.salzwelt.de*).

46 BRACKENHEIM

Beim ersten Bürgerpräsidenten daheim

Konrad Adenauer hat als Kanzler die Bundesrepublik Deutschland in ihren Anfängen politisch geprägt: die Westorientierung, die Einbindung in die NATO, der Brückenbau nach Frankreich, aber auch die Teilung. Theodor Heuss hat als Präsident und erster Mann im Staate einen ganz anderen Job versehen: Er hat nach Nazi-Terror und Zweitem Weltkrieg Deutschland wieder ein menschliches, tolerantes, liberales Antlitz verliehen. Geboren wurde er 1884 in dem beschaulichen württembergischen Oberamtsstädtchen Brackenheim, in dem sich noch heute Spuren des großen Staatsmannes und Literaten finden lassen. In der größten Weinbaugemeinde Württembergs mit ihrem legendären Lemberger-Ruf und im nahen Heilbronn verbrachte Theodor Heuss Kindheit und Jugend.

Hier im Unterland hat er seine ersten politischen Erfahrungen gesammelt, und hier hat es ihm auch der heimische Weinbau angetan: Eine Doktorarbeit darüber legt Zeugnis ab von einer bleibenden Verwurzelung über alle Lebensstationen hinweg. Noch als Staatspräsident hat er seinen ausländischen Gästen gerne Lemberger aus der Heimat kredenzt.

Im Obertorhaus in der Obertorstraße, mitten im alten Brackenheim, ist zu seinem Gedenken ein Museum eingerichtet. Einst befand sich hier das Oberamtsgefängnis. Indes stand das Geburtshaus nicht mehr zur Verfügung – ironischerweise musste es einst ausgerechnet einem Gebäude der Weingärtnergenossenschaft weichen. Auf drei Geschossen gibt die Gedenkstätte Einblick in das reiche Leben von Theodor Heuss, der mit seiner gelebten Bescheidenheit und universalen Bildung heutigen Politikern als leuchtendes Beispiel dienen mag. Gegenüber vom Eingang steht eine lebensgroße Bronzefigur des Bürgerpräsidenten. Das Museum selbst will keine fertigen Antworten geben: Die Bild- und Tondokumente verstehen sich weniger als wissenschaftliche Dokumentation denn als essayistische Annäherung an die historische Figur. Der Journalist Heuss hätte womöglich seine Freude daran.

ADRESSE: Obertorstraße 27, 74336 Brackenheim, ➜ *www.theodor-heuss-museum.de*.
TIPP: Wenige Kilometer südlich von Brackenheim liegt der Erlebnispark Tripsdrill mit Wildparadies (➜ *www.tripsdrill.de*).

47 DIE FREITREPPE SCHWÄBISCH HALL

Spektakuläre Bühne für Stadt und Spiel

Die einstige Salzsiederstadt Schwäbisch Hall ist wahrlich reich gesegnet mit kunst- und kulturhistorisch bedeutsamen Sehenswürdigkeiten. Einzigartig ist aber die große Freitreppe vor der Kirche St. Michael. Die regelmäßig auf ihr stattfindenden Freilichtspiele gehören untrennbar zu Schwäbisch Hall. Gegründet wurden sie 1925 als „Jedermann-Festspiele" vom damaligen Direktor des Haller Kurtheaters. Als weiterer Spielort steht seit dem Jahr 2000 das Globe-Theater, ein Rundbau aus Holz, auf der nahe gelegenen Kocherinsel zur Verfügung. Die Treppe indes ist ein besonderer Spielort, der Einschränkungen mit sich bringt, aber auch neue Perspektiven eröffnet. Von den Schauspielerinnen und Schauspielern werden auf der Treppe mitunter akrobatisches Geschick und sportliche Leistungen verlangt.

Die große Freitreppe ist nicht nur Schauplatz. Sie inszeniert selbst das Stadtzentrum in ganz eigener Weise, bietet vor allem St. Michael eine Bühne, hebt die Kirche vor dem Auge des Betrachters hervor. Gleichzeitig überbrückt sie natürlich die in der Haller Altstadt nicht unbeträchtlichen Höhenunterschiede. St. Michael ist auch die Keimzelle der Stadt. Die Kirche mit romanischem Turm und gotischer Halle wurde im Jahr 1156 geweiht. Anlass genug, im Jahr 2006 den 850. Geburtstag der Stadt zu begehen. In der Kirche wurde später erneut Geschichte geschrieben: Vom Jahr 1522 an führte der Prediger und Theologe Johannes Brenz hier die Reformation ein.

Am Marktplatz, unweit von St. Michael, steht ein gotischer Pranger, an dem einst die Verurteilten öffentlich vorgeführt wurden. Gegenüber der Kirche befindet sich das barocke Rathaus, am Marktplatz stehen zudem einige prächtige Bauten aus der Renaissance. In den Gassen rundherum sowie am Kocher können Besucher großartige und vor allem sehr alte Fachwerkhäuser, Tore, Türme und Teile der Stadtmauer entdecken. Einen Kontrapunkt zum geschichtsträchtigen Altstadtkern setzt die in heimischen Muschelkalk eingekleidete Kunsthalle Würth, die 2001 eröffnet wurde und in der schon etliche aufsehenerregende Werkschauen und Themenausstellungen stattgefunden haben.

➜ *www.schwaebischhall.de.* **TIPP:** Die Stadt ist reich gesegnet mit sehenswerten Museen – von der Kunsthalle Würth über das Hällisch-Fränkische Museum bis hin zum Hohenloher Freilandmuseum in Wackershofen.

48 HESSIGHEIMER FELSENGÄRTEN

Kletterpartie am Neckar

An trockenen Sommer- und Herbsttagen wuselt es nur so von Sportkletterern. Ohne viel Worte zu verlieren, machen sie sich ans Werk. Einige hängen in der Wand, andere sichern ab. Jeder Griff sitzt, der nächste Tritt ist wohlüberlegt. Nur wenige Sätze brechen sich am Stein. Eine verschworene Gemeinschaft, so scheint es. Jüngere und Ältere erfreuen sich gleichermaßen an dem nicht gerade massentauglichen Hobby. Erstaunlich: Weder vom Neckartal aus noch von den steilen Weinberglagen direkt unterhalb der senkrechten, zum Teil sogar überhängenden Wände bekommt man von der wohlgeordneten Betriebsamkeit etwas mit. Zwischen Kletterer und Wanderer oder Spaziergänger schiebt sich nämlich eine weitere Felswand, welche das Kletterparadies weitgehend abschirmt. Es sind gerade die Spalten zwischen den Felswänden, die auf die Kletterer so einladend wirken.

Die Hessigheimer Felsengärten, ein Naturschutzgebiet mit schroffen, kühn aufragenden Muschelkalkfelsen wenige Kilometer nördlich von Ludwigsburg, sind eine geologische Attraktion. Zugleich fügen sie sich ein in eine jahrhundertealte Kulturlandschaft. Über Generationen hinweg haben Weingärtner entlang des Neckars Weinberge angelegt, Weinbergsmauern errichtet, den Hang terrassiert und dem Boden einen wertvollen Rebensaft abgerungen. Die Felsen bieten Schutz und Wärme, zusammen mit dem Muschelkalk und dem wärmespeichernden Strom prägen sie das Terroir der hier reifenden Weine. In höheren Lagen wiederum finden sich Mergel, Ton und Keuper, darüber zum Teil auch Löss und Lehm, wodurch die Region Weine sehr unterschiedlichen und vielschichtigen Charakters hervorbringt. Der Abschnitt zwischen Hessigheim und Besigheim zählt gewiss zu den reizvollsten eines über weite Strecken geschundenen Flusses, der von Industrieanlagen, Betonwänden und zahlreichen Schleusen eingefasst ist. In „Deutschlands schönstem Weinort“ Besigheim, der mit seinen malerischen Winkeln, Gässchen, Plätzen und vor allem Fachwerkhäusern staunen macht, fließt die gleichfalls von vielen Weinbergen gesäumte Enz in den Neckar. Wie der große Bruder stammt sie aus dem Schwarzwald.

→ www.hessigheim.de. **TIPP:** Einer der beliebtesten Radfernwege in Baden-Württemberg, der Neckartal-Radweg, ist in diesem Streckenabschnitt ganz besonders schön.

49 JÜDISCHER FRIEDHOF IN FREUDENTAL

Gräber voller Geschichte

An den Wald geschmiegt auf drei Seiten, an der vierten, offenen Seite breiten sich die am Stromberg typischen Streuobstwiesen mit Apfel- und Birnbäumen aus: Da liegt er, der zweite jüdische Friedhof von Freudental. Ob ihn das geschützt hat vor den Verwüstungen der Barbarei? Er liegt verborgen am Fuße des Seebergs auf Bönnigheimer Gemarkung.

Die prachtvollen Steine zeugen vom einstigen jüdischen Leben in Freudental und am Stromberg wie auch von einer selbstverständlichen Nachbarschaft. Die es heute nicht mehr gibt, auch wenn im Ort selbst manches an diese Vergangenheit erinnert: die restaurierte Synagoge, das Judenschlössle, die jüdische Schule und die Mikwe, das Frauenbad. An die sogenannte Judengasse von einst, die heutige Strombergstraße, gemahnen Gedenktafeln.

Ehemals war beinahe die Hälfte der örtlichen Bevölkerung jüdischen Glaubens. Es begann Anfang des 18. Jahrhunderts mit der Aufnahme erster jüdischer Familien. Ein starker Zustrom erfolgte nach einem Toleranz-Edikt der Reichsgräfin Wilhelmine von Würben, geborene Graevenitz, die 1727 als Landeshofmeisterin in den Besitz Freudentals gelangt war. Es ist dieselbe Frau, die als Mätresse Berühmtheit erlangte, die über zwanzig Jahre hinweg eine Liebesbeziehung zu dem württembergischen Herzog Eberhard Ludwig unterhielt, dem Erbauer Ludwigsburgs.

König Friedrich ließ den ersten jüdischen Friedhof, am Ortsrand Richtung Löchgau gelegen, zerstören, um darauf eine Fasanerie zu errichten. So wurde 1811 die neue Begräbnisstätte angelegt und mehrfach erweitert.

Marum Mayer, ein Freudentaler Jude, machte Karriere an der Universität Tübingen, er wurde Mitte des 19. Jahrhunderts zum Rektor ernannt. 1933 wohnten noch zeitweise 80 jüdische Bürger in Freudental. Einige konnten fliehen und vor dem Terror rechtzeitig emigrieren. Mindestens 30 Freudentaler Juden kamen in Vernichtungslagern ums Leben. Heute bewahrt das Pädagogisch-Kulturelle Centrum Ehemalige Synagoge Freudental e. V. das Andenken an die jüdische Geschichte des Dorfes, es fördert zugleich die Erziehung zu Demokratie, Toleranz und Respekt, heute wie morgen.

➜ *www.freudental.de*, ➜ *www.pkc-freudental.de.*
TIPP: Das hübsche Städtchen Bönnigheim ist nur einer von vielen malerischen Weinorten in der Umgebung.

50 MARBACH

Olymp der Literatur

Nach außen öffnet sich das Gebäude – hell, licht, freundlich wirken die Säulen, als wollten sie den Blick in Richtung des Neckartals lenken. Und sie tun es ja auch. Nach innen passiert das Gegenteil: Es wird immer dunkler, geheimnisvoller. Tatsächlich erfüllt das Gebäude hier Schutzfunktionen, denn Papier, Tinte und die literarischen Ausstellungsstücke vertragen nicht zu viel Licht. Das Literaturmuseum der Moderne (LiMo), geplant von dem britischen Architektenbüro David Chipperfield und im Jahr 2007 mit dem Deutschen Architektenpreis ausgezeichnet, ist nicht nur funktional einzigartig. Es ist zugleich elegant, ungewöhnlich, ein Hingucker. Und es verschmilzt moderne Stilelemente mit Motiven der klassischen Architektur. Außerdem korrespondiert der Bau spannungsvoll mit den anderen Gebäuden auf Deutschlands Literatur-Olymp, der Marbacher Schillerhöhe. Mit dem wenige Meter entfernt gelegenen, schlossartigen Schiller-Nationalmuseum zum Beispiel, das 1901 von Ludwig Eisenlohr errichtet wurde. Aber auch das Deutsche Literaturarchiv spiegelt architektonisch seine Bauepoche wider – die der frühen 70er-Jahre.

Mit der Schiller-Verehrung fing alles an. Das Denkmal für den Vertreter der Deutschen Klassik, der 1759 im kleinen württembergischen Städtchen Marbach geboren wurde, belegt es. Es steht inmitten des kleinen Parks, der von Nationalmuseum, LiMo und Archiv begrenzt wird. Heute ist Marbach zentraler Sammelort der deutschen Literatur, die Stätte, an der Nachlässe, persönliche Notizen gesammelt, Texte und Dokumente zur neueren deutschen Literatur gesichtet und erschlossen werden können. Ein Ort des Bewahrens, ein Ort der Forschung, aber auch – wie im Falle des LiMo – ein Ort des (Be-)Staunens. Im Kernstück der Dauerausstellung werden Spuren und Zeugnisse gezeigt, die Menschen in und mit der Literatur hinterlassen. Briefe, Ausweise, Fotoalben oder Zettelkästen bedeutender Dichter sind in den kunstvoll inszenierten Vitrinen zu sehen. Wer vermag schon in den Kopf eines Dichters zu blicken, dessen Fantasie zu ergründen – in Marbach ist man um Annäherung bemüht, dies freilich in aller Demut und mit großem Respekt.

ADRESSE: Schillerhöhe 8, 71672 Marbach am Neckar, → *www.dla-marbach.de.* **TIPP:** Die Stadt Marbach bietet unterhaltsame Kostüm- und Themenführungen an.

51 LUDWIGSBURG

Schwäbisches Versailles

Im Herbst stapeln sie sich wieder: die großen und kleinen, die orangefarbenen, tannengrünen und rotbrauen Kürbisse. Jedes Jahr, wenn das Blühende Barock in Ludwigsburg zur großen Kürbissause lädt, denken sich die Macher ein Thema aus. Die Vermarktungsmaschine läuft bestens. Im benachbarten Jagdschloss Favorite talkt seit vielen Jahren Wieland Backes. Regelmäßig gibt es Konzerte und Sonderschauen, das kleine Schlosstheater mit seinen originalen Seidenvorhängen ist bezaubernd. Pro Saison lockt das „Blüba" eine halbe Million Tagesgäste.

Der württembergische Herzog Eberhard Ludwig (1676–1733) hat das imposante Barockschloss, das ursprünglich aus einem kleinen Jagdschlösschen hervorging, gebaut, daher der Name. Sein Nachkomme, Herzog Friedrich, der ab 1806 auch König war, ließ das schon hundert Jahre bestehende und in Teilen verfallene Ludwigsburger Residenzschloss auf Vordermann bringen. Dauerhafter Renovierung sei Dank: So existiert der Bau heute in alter, ja fast nie dagewesener Pracht und Gold-Herrlichkeit. Schwäbisches Versailles wird der riesenhafte Vierflügelbau genannt. Das einstige Jagdschloss ist das größte Barockschloss in Deutschland. Man kann sich regelrecht vorstellen, wie die württembergischen Granden – von wegen sparsame Schwaben! – rauschende Hoffeste mit Gelage im Stile des französischen Sonnenkönigs Ludwig XIV. veranstalteten.

Friedrich und seine Nachfolger schufen zudem einen weitläufigen Park, der einerseits den strengen Regeln der damaligen Gartenarchitektur gehorcht mit seinen Fontänen, Hauptachsen und Kringel-Hecken. Der benachbarte Märchengarten dagegen wirkt, obwohl viel jünger, wie aus der Zeit gefallen. Es ist eine Art Gebrüder-Grimm-Gedenkstätte. Rapunzel lässt ihr Flachshaar aus einem denkmalgeschützten Turm, da sind Hänsel und Gretel, das tapfere Schneiderlein, Schneewittchen und die böse Stiefmutter mit ihrem Spieglein, Spieglein. Zwar ist der Garten längst zur „Erlebniswelt" mit Bootsfahrt auf dem Märchenfluss aufgehübscht, doch die etwas patinierten Figuren und Arrangements aus den 50ern machen den eigentlichen Charme aus.

ADRESSE: Schlossstraße 30, 71634 Ludwigsburg, → *www.schloss-ludwigsburg.de.* **TIPP:** Sonderführung durchs Schloss in historischen Kostümen mitmachen oder ins plüschige Schlosstheater gehen!

52 HOHENASPERG

Der württembergische Demokratenbuckel

Eine Opernsängerin starb hier, wahnsinnig geworden, nach acht Jahren Haft. Sie war die einzige Frau, die jemals in diesem Männergefängnis eingekerkert wurde. War sie Zeugin der zahlreichen Liebschaften des württembergischen Herzogs Karl Eugen? Ein anderer Gefangener fertigte in den langen Jahren seiner Isolation winzigste Möbel – um so dem Wahnsinn zu entgehen? Der Hohenasperg bei Ludwigsburg erzählt viele Geschichten, vor allem in seiner Funktion als deutsches Gefängnis: menschlich anrührende, erstaunliche, unerwartete, schaurige und empörende.

Dichter wie Christian Friedrich Daniel Schubart waren hier oben für die Bevölkerung weithin sichtbar weggeschlossen. Revolutionäre wie Gottlieb Rau, Juden wie Josef Süß Oppenheimer, Kriegsgefangene, Kommunisten, sogar NS-Täter sowie Terroristen. RAF-Mitglied Günter Sonnenberg kam als Patient Ende der 70er-Jahre auf den Hohenasperg, Steuerhinterzieher Peter Graf in den 90ern.

Schon die Kelten nutzten den Buckel als Fürstensitz, viele Jahrhunderte später diente er als Festung. Kerker wurde er erst Anfang des 18. Jahrhunderts. Seit 1968 ist der Hohenasperg nicht mehr Knast, sondern Vollzugskrankenhaus. Demokratenbuckel nannte man diesen Berg, Tränenberg, Hausberg der schwäbischen Intelligenz, Schicksalsberg oder auch höchster Berg Württembergs – weil man zwar in einer halben Stunde hinauf-, aber lange nicht mehr herunterkommt. Die Ausstellung im ehemaligen Arsenalgebäude erzählt Gefängnis-Geschichte anhand weniger eindrücklicher Exponate, hier ein persönliches Waschzeug, da ein anrührender Brief. Sie ist ein Spiegel der politischen Zustände in mehr als 300 Jahren. Der Blick von den dicken Festungsmauern reicht vom Schwäbischen Wald im Nordosten über die Alb im Süden und den Stromberg im Westen. Wenige Kilometer entfernt rauscht der Verkehr über die niemals ruhende A 81. Und direkt unterhalb wächst Wein seit Hunderten von Jahren zwischen Trockenmauern. Der Berg sieht zwar aus wie ein ehemaliger Vulkankegel – und ist doch ein typischer Zeugenberg im schwäbischen Schichtstufenland. Er blieb als „Zeuge“ einer Keuperschicht erhalten, die rundherum durch Erosion abgetragen wurde.

ADRESSE: Schubartstraße 20, 71679 Asperg, ➜ *www.jvkh-hohenasperg.de*. **TIPP:** Das kleine Museum gibt Einblicke in teils erschütternde Häftlingsbiografien.

53 BIRKENKOPF

Stuttgarts „Monte Scherbelino"

Die Stuttgarter haben einen eigenen, liebevollen Bezug zu ihrem lange Zeit höchsten Hausberg. „Monte Scherbelino" nennen ihn die Älteren etwas bildhaft, weil auf dem einst 471 Meter hohen Hügel die Scherben des Zweiten Weltkriegs aufgehäuft wurden. Wie auf einem gigantischen Schneckengehäuse windet sich der breite Weg teils von Wald gesäumt nach oben. Maximal eine halbe Stunde braucht man. Im Unterschied etwa zu dem Pforzheimer Wallberg, auch er ein gewaltiger Schutthaufen, sieht man kurz vor der Spitze die ersten Vorboten des Besonderen liegen: Mauerreste, teils mit herausstehendem Stahldrahtskelett, manche mit wulstigen Gesimsen oder anderen Stuckelementen der Gründerzeit, Teile von Engeln, von Blumenornamenten, Kapitellen, Hausnummern oder in den Stein der alten Hauswand geprägte Namen von Erbauern oder Baumeistern. Hier liegt ein Stück Stuttgarter Vorkriegsgeschichte, kreuz und quer gestapelt, bemoost und als Kletterberg von Kindern liebend gern benutzt.

511 Meter hoch ist der Birkenkopf im Stuttgarter Westen. Gern wird die Geschichte der gewitzten Stuttgarter erzählt, die die Scherben der Zerstörung nur deshalb an einer Stelle aufgestapelt hätten, damit der Gipfel ihres Hausbergs ein Stückchen nach oben wächst. Tatsächlich steht das „Gipfelkreuz" nach Aufschüttung von 1,5 Millionen Kubikmeter Schutt von mehr als 39 000 Gebäuden auch 40 Zentimeter höher als vor den Luftangriffen im Krieg. Doch der Rekord war von der Bevölkerung bitter erkauft worden: 1000 Menschen starben im Bombenhagel. Daran erinnert auch eine Tafel: „Dieser Berg nach dem Zweiten Weltkrieg aufgetürmt aus den Trümmern der Stadt steht den Opfern zum Gedächtnis und den Lebenden zur Mahnung." Von kaum einem anderen Punkt aus hat man so sehr den Eindruck von Stuttgart als grüner Metropole. Der höchste Berg Stuttgarts blieb der „Monte Scherbelino" indes nicht allzu lange. Seit einigen Jahrzehnten hat sich die Autoregion einen neuen „Höhepunkt" durch Tunnelaushub geschaffen: die Bernhardtshöhe beim Autobahnkreuz Stuttgart. Sie misst 579 Meter.

ADRESSE: Rotenwaldstraße, 70195 Stuttgart, Buslinie 92, → *www.stuttgart-tourist.de.* **TIPP:** Taschenlampe mitnehmen und nachts hochsteigen übers Stuttgarter Lichtermeer, außer an Silvester – da wird es rappelvoll.

54 STUTTGARTER HAUPTBAHNHOF

Ein Bonatz-Bau auf dem Abstellgleis

Bonatz-Bauten gibt es viele, denn der Stuttgarter Architekt war zu Beginn des 20. Jahrhunderts ausgesprochen umtriebig. Zur Chiffre aber wurde sein Bahnhof in Stuttgart, weil für den Bau des neuen Tiefbahnhofes („Stuttgart 21") die zwei Seitenflügel abgerissen wurden. „Verstümmelt" werde der Bonatz-Bau, urteilte der Enkel des Architekten, Peter Dübbers. Die Gerichte sahen die Deutsche Bahn im Recht, die über die Nutzung ihrer Immobilie befinden könne. Die Flügel seien als Denkmale weniger schützenswert als das Hauptgebäude.

Der Grundsatzstreit zwischen Befürwortern und Gegnern des neuen Bahnhofs ist nicht beigelegt, aber der Bonatz-Bau steht. Zumindest das Hauptgebäude mit Schalterhalle und Turm, auf dem sich seit 1952 der Mercedes-Stern dreht. Neben dem Fernsehturm ist dieses Bild zum Wahrzeichen Stuttgarts geworden: die Stadt mit dem Stern. Bonatz und sein Kollege Friedrich Scholer verschalten die Betonkonstruktionen mit grob behauenen Muschelkalkquadern aus der Umgebung von Crailsheim. Als die Bagger die riesigen Steine des Nordflügels abtrugen, sah man Stuttgart-21-Gegner weinen. Ein Jahr später der gleiche Verlustschmerz bei den Protestierern, als die Steine des Südflügels weichen mussten. Jeder Quader war in der heißen Phase des Protestes zum Symbol der Vernichtung aufgeladen.

Auf den Turm des Bonatz-Bahnhofs zu steigen, lohnt wohl heute und morgen. Von dort ist bestens zu sehen, wie die Gleise den Stuttgarter Talkessel zerschneiden. Später soll sich dort über einer Betonplatte Rasenfläche ausbreiten, sollen halb geöffnete, riesige Bullaugen Licht in den Untergrund bringen. Noch eine Weile schwer vorstellbar. Der massige Gebäuderiegel am Ende der Stuttgarter Einkaufsmeile Königsstraße hat aber beileibe nicht nur Liebhaber, die vom „wichtigsten Bahnhofsbau zwischen Historismus und Moderne" schwärmen. Vor allem international wurde die wuchtige, monumentale Reichsoptik des Bonatz-Baus kritisiert. Der Umbau-Architekt Christoph Ingenhoven fühlt sich an „Ritterburg und Walhall" erinnert. Er bleibt umstritten, dieser Bahnhof.

ADRESSE: Arnulf-Klett-Platz, 70173 Stuttgart, → *www.bahnhof-stuttgart.de.* **TIPP:** Stuttgart 21-Ausstellung im Turmforum gibt Einblicke in Planer-Träume. Vom abgebauten Bauzaun des Protests gibt es Impressionen in Büchern.

55 STUTTGARTER HALBHÖHENLAGE

Wo die Stadt am schönsten ist

An manchen Abenden, besonders wenn es lau und leicht schwül ist im Stuttgarter Kessel, lockt die kleine Plattform im Weißenburgpark und wird mitunter gar zum etwas schrillen Treff. Es wird gepicknickt, gelesen, diskutiert, geschwätzt, sinniert. Manche bringen sich das Glas Sekt oder das Bier von zu Hause mit oder tragen es vom nahen Teehaus herüber, um auf den Bahnhofsturm, die Innenstadt, den Killesberg oder auf die benachbarte Karlshöhe zu schauen. Kinder springen herum, auch weil ein Spielplatz in der Nähe ist. Vor allem zum Sonnenuntergang finden sich regelmäßig illustre Gesellschaften ein. Nicht selten hat jemand eine Musikquelle dabei, es wird gechillt. Stuttgart ist aufgrund seiner Lage mit Aussichtspunkten wie der Uhlandshöhe oder dem Eugensplatz gesegnet.

Von sieben Burgen war der Stuttgarter Talkessel einst im Mittelalter eingerahmt. Der Weißenburgpark als eines der Überbleibsel gehört aber definitiv zu den besten Orten, an denen man die für Stuttgart so typische Halbhöhenlage genießen kann. An denen man weiß, warum diese Stadt nicht nur die arbeitsame, schaffige Metropole mit den hohen Gehältern und den astronomischen Immobilienpreisen ist, sondern auch großstädtisch und locker sein kann. Hinzu kommt: Das Teehaus im Jugendstil-Pavillon, das mit seinen vielen Teesorten dem Namen alle Ehre macht, und der darunter liegende Marmorsaal sind bezaubernd. Der Industrielle Ernst von Sieglin, reich geworden durch Produktion und Vertrieb von „Dr. Thompson's Seifenpulver", ließ die baulichen Preziosen in dieser begehrten Lage errichten. Heute sind Park und Teehaus in öffentlichem Besitz.

Als Stuttgart-Gast muss man hier gewesen sein. Die Gastronomie ist sich der Ausnahmelage bewusst, aber doch reell. Auch im Biergarten unter den kleinen Bäumen lässt es sich aushalten. Aber man kommt doch vor allem wegen der atemberaubenden Aussicht hierher, die man nur ein paar Treppenstufen entfernt erhaschen kann.

ADRESSE: Weißenburgpark, Hohenheimer Straße, 70184 Stuttgart, → *www.teehaus-stuttgart.de.* **TIPP:** Tag dort ausklingen lassen, hohe Chance auf glutrote Sonnenuntergänge.

56 MERCEDES-BENZ MUSEUM

Im Raumschiff durch die Automobilgeschichte

Schon das futuristische Atrium macht staunen: Heller Beton öffnet sich nach links wie rechts, der Aufzug schwebt einem Raumschiff gleich nach oben. Runde Formen und schräge Ebenen geben die ideale Kulisse ab für ein Automobilmuseum: lebendig, dynamisch, aufregend. Was wäre Baden-Württemberg ohne die Weltmarke Mercedes-Benz und ohne den Daimler-Konzern! Und was wäre Stuttgart ohne das Mercedes-Benz Museum!

Das es freilich erst seit 2006 gibt: Der niederländische Architekt Ben van Berkel schuf ein ganz und gar unverwechselbares Gebäude, angelehnt an die Doppelhelix der DNA. Genauso gut kann man drei einander überschneidende Kreise erkennen, aus denen die Mitte – eben das Atrium – herausgeschnitten wurde. Schon die Errichtung des Bauwerks war ein kleines Wunder, denn kaum ein Bauteil glich dem anderen, was höchste Präzision in der Ausführung verlangte. Das Ausstellungskonzept wurde vom Stuttgarter Büro HG Merz ausgearbeitet – und ist kaum weniger spektakulär. Es beginnt oben mit der Geschichte, den Anfängen des Automobils, die untrennbar mit der Historie des Unternehmens Daimler verwoben sind. Mit den Pionieren Carl Benz und Gottlieb Daimler nämlich, die unabhängig voneinander und ohne sich persönlich zu kennen, im Jahr 1886 bedeutsame technische Erfindungen machten: Benz in Mannheim mit dem dreirädrigen Patent-Motorwagen Nr. 1 und Daimler mit dem Einbau eines schnelllaufenden Benzinmotors in eine Kutsche im selben Jahr.

Nach unten schreitend können Besucher des Museums die weiteren Stationen der automobilen Geschichte nachvollziehen. Auf ihre Kosten kommen vor allem Liebhaber blitzenden Chroms, geschwungener Formen und legendärer Geschichten. Den Abschluss machen die „Silberpfeile". Manche Fahrzeuge scheinen zu schweben oder in hohem Tempo an der Wand entlangzufahren. Nicht weniger markant und ebenso ungewöhnlich sieht das Porsche-Museum am Produktionsstandort Zuffenhausen aus, das von einem anderen Stuttgarter Mythos, einer anderen Baden-Württemberg-Marke erzählt. Es wurde Anfang 2009 eröffnet und lockt inzwischen gleichfalls zahlreiche Gäste aus dem In- und Ausland ins Erfinder- und Musterländle.

ADRESSE: Mercedesstraße 100, 70372 Stuttgart, ➜ *www.mercedes-benz.com/museum*. **TIPP:** Nur wenige Meter entfernt befindet sich der Neckarpark mit dem Cannstatter Wasen sowie renommierten Sportstätten wie der Mercedes-Benz Arena, der Schleyer-Halle oder der Porsche-Arena.

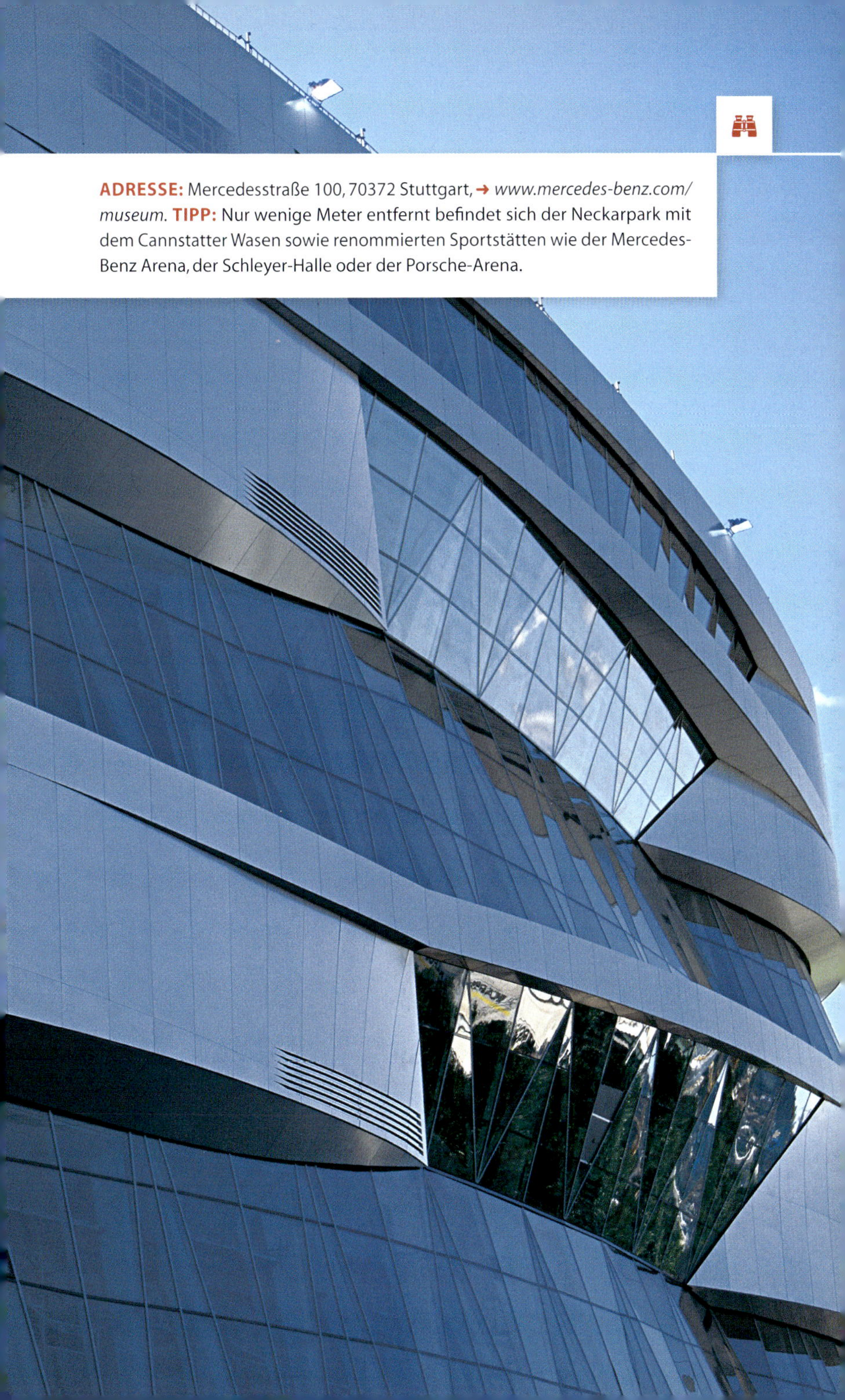

57 ROTENBERG

Der Taj Mahal der Württemberger

Die Grabkapelle sieht aus jeder Richtung prächtig aus. Von vielen Lagen Weinreben umgeben, thront sie auf dem Rotenberg. Der 411 Meter hohe, grasbewachsene Kegel hieß eigentlich Württemberg, das Dorf daneben war als Rothenberg bekannt. Jahrhunderte stand in Sichtachse zwischen der Freien Reichsstadt Esslingen und der Residenzstadt Stuttgart die wehrhafte Burg Wirtemberg – eine örtliche Winzergenossenschaft gleichen Namens kündet heute davon. König Wilhelm I. ließ die Stammburg des Hauses Württemberg abtragen, um 1819 an dieser Stelle hoch überm Neckartal ein Mausoleum errichten zu lassen – aus überbordender Liebe zu seiner früh verstorbenen zweiten Frau, der russischen Zarentochter Katharina Pawlowna.

Wilhelm ließ die prächtigste Grabkapelle bauen – den „schwäbischen Taj Mahal". Im Zentralbau aus heimischen Sandsteinen finden sich in allen vier Himmelsrichtungen Säulenhallen. Der gleißend weiße Innenraum der Kapelle ist ca. 20 Meter hoch. In Wandnischen stehen überlebensgroße Statuen der vier Evangelisten. Die darunterliegenden Sarkophage Katharinas und Wilhelms sind aus weißem Carrara-Marmor gearbeitet. Die beeindruckende Kuppel ist bestückt mit Stuckrosetten. Der Clou: Durch eine Rundverglasung in der Mitte und ein gusseisernes Gitter im Fußboden kann Tageslicht bis auf die Grablege gelangen.

Die Grabkapelle ist ein klassizistisches Meisterwerk des Florentiner Architekten Giovanni Battista Salucci (1769–1845), der in Stuttgart einige prägende Gebäude wie das Schloss im Rosensteinpark oder das Wilhelmspalais entwarf. Erst durch seine Hand wurde Stuttgart, architektonisch gesehen, eine wahre Königsresidenz. Mit ihrer romantischen Aufladung ist und bleibt die Grabkapelle über Untertürkheim eine herausragende Attraktion. Sie ist Ziel oder Ausgangspunkt für Wanderungen und Spaziergänge durch die weitläufigen Weinreben und Aussichtspunkt. Obwohl Wilhelm später seine Cousine Pauline ehelichte, wurde sein Leichnam, wie er es verfügt hatte, auf den Rotenberg überführt. Seither liegt er neben Katharina in der Grabkapelle, dem Stein gewordenen Symbol großer Liebe.

ADRESSE: Württembergstraße 340, 70327 Stuttgart-Rotenberg, ➜ *www.grabkapelle-rotenberg.de.* **TIPP:** Die Kapelle als Ausgangspunkt einer ausgedehnten Wanderung durch die Weinberge nehmen, nicht nur im Ernte-Herbst.

58 ALTES RATHAUS UND ASTROLABIUM ESSLINGEN

Sonne, Mond und Uhren

Es ist rund, blau und eingerahmt in einen bunten Regenbogen. Es ist geborgen in etwas viel Größerem, Eckigem, das spitz zuläuft und rot leuchtet, mit weißen und grünen Tupfern. Das eine, die vermutlich genaueste Uhr der Welt, befindet sich am – als Schauraum dienenden – Dachgiebel des anderen, des Alten Esslinger Rathauses. Schon das Gebäude, welches die einst stolze Reichsstadt noch heute ziert, ist ein Unikum. An der Südseite präsentiert es sich als Hauptwerk des süddeutschen Fachwerkbaus, errichtet zu Beginn des 15. Jahrhunderts als ein städtisches Kauf- und Steuerhaus.

An der Nordseite hat Baumeister Heinrich Schickhardt gut 170 Jahre später eine Giebelfront samt Uhrenturm im Renaissancestil darübergestülpt. Etwa von der Mitte ab besteht das eindrucksvolle Haus aus elegant-ästhetischer Zeitmessung sowie dem dazugehörigen Glockenspiel. Die Uhr wurde kombiniert mit einer astronomischen Anzeige, die auf Mondphasen, Sonnen- und Mondfinsternisse hinweist. Eingerahmt wird sie von den beiden allegorischen Figuren der Gerechtigkeit und der Mäßigkeit, die sich stündlich in Bewegung setzen. Die Uhr am Alten Rathaus ist laut Experten die älteste noch funktionierende schmiedeeiserne Turmuhr Deutschlands. Zu ihrer Entstehungszeit war sie das Maß aller technischen Dinge. Auf dem Dachboden dahinter, im Innern des prachtvollen Gebäudes, können Gäste noch ein weiteres Uhrenwunderwerk betrachten, die „Festo Harmonices Mundi". Diese unvorstellbar genaue Uhr, auf dem neuesten Stand der Technik, wurde von der Esslinger Festo AG nach zehn Jahren Entwicklungsarbeit geschaffen und 2011 im Alten Rathaus aufgestellt.

Die Geschichte dieses Astrolabiums – das Original steht in der Firmenzentrale – passt perfekt zum Musterländle. Das pittoreske Esslingen mit seiner prallen Historie war einst die Industriemetropole des aufstrebenden Württemberg. Und auch Festo ist Baden-Württemberg pur: hoch innovativ, global aufgestellt, Weltmarktführer in der Automatisierungstechnik. Der Zeitmesser werde, so hieß es bei der Einweihung, in 4900 Jahren etwa 25 Sekunden verloren haben. Möglicherweise.

ADRESSE: Rathausplatz, 73728 Esslingen am Neckar, → *www.esslingen.de.* **TIPP:** Einzigartig in Deutschland: der Mittelaltermarkt und Weihnachtsmarkt ab Ende November.

59 KLOHÄUSCHEN IN PLOCHINGEN

Rosa Oase der Bedürfnisse

Was für ein Örtchen. Ein Fries aus schweinchenrosafarbenen Klobrillen ziert das öffentliche WC. Klobrillen überm Eingang, an der petrolfarbenen Wand. Und all das mitten im schwäbischen Plochingen. Der Entwurf stammt aus der Feder des elsässischen Karikaturisten Tomi Ungerer. In der 14 000-Einwohner-Stadt östlich von Stuttgart steht bereits Friedensreich Hundertwassers „Regenturm". Mangel an Attraktionen herrscht also nicht in Plochingen. Trotzdem wurde das Klohäuschen gebaut, ja von den Stadtoberen regelrecht ersehnt. Das „Riesen-Pipapo", das dieses Mini-Klo anrichtete, sieht man ihm heute nicht mehr an. Denn Ungerers ursprünglicher Entwurf ging nicht durch. Die Bedenken waren zu groß. Den „größten Hintern der Welt" wollte der Elsässer Provokateur eigentlich in Plochingen verwirklichen. Mit einem üppigen rosa Hintern als Kuppel. „Übung macht den Meister" stand im Entwurf als Spruchband über dem Eingang. Die verspiegelten Innenräume sollten, in rosafarbenes Licht getaucht, eine „Oase der Bedürfnisse" sein.

Bei der Vorstellung des Modells hatte Ungerer unbändigen Spaß an nahe liegenden Wortspielen. Er habe sich vom indischen Mausoleum Taj Mahal („Krone des Ortes") inspirieren lassen und gewissermaßen ein „Tadsch Ma Arsch" geschaffen, witzelte er. Die öffentliche Toilette „aus dem Hinterhof" zu holen, wie es der Bürgermeister wollte, hat dennoch fast geklappt. Nach den Protesten steht sie zwar nicht auf dem Marktplatz, sondern um die Ecke hin zur Schorndorfer Straße. Und statt des Hinterteils bekränzen die Klobrillen den Kubus, an den Wänden grinsen Drache und Frosch. Aber es steht, das Klohaus in Schweinchenrosa. Ungerer träumte davon, dass die Hälfte der deutschen Nation mal in Plochingen auf die Toilette geht. Dass wie im neuseeländischen Kawakawa, wo Friedensreich Hundertwasser einen Bedürfnisort entwarf, auch diese Toilette zum Wallfahrtsort für touristische Pinkler avanciert: „Ich sehe ganze Familien, die vor dem großen Arsch anstehen." Das Örtchen heißt jetzt immerhin vornehm Les Toilettes.

ADRESSE: 73207 Plochingen, zwischen Marktplatz und Schorndorfer Straße, → *www.plochingen.de.* **TIPP:** Hundertwasserhäuser mit ihrem bunten Innenhof anschauen – immer den vier goldenen Turm-Kugeln nach!

60 SCHORNDORF

Eine Stadt und ihre Weiber

Krieg herrschte. Die Truppen des französischen Königs Ludwig XIV. zogen 1688 brandschatzend und plündernd zunächst durch die Pfalz, dann durch Württemberg. In Stuttgart war man, um Schlimmeres zu verhüten, bereit, die Landesfestung Schorndorf kampflos zu übergeben. Die Rechnung wurde allerdings ohne die „Weiber von Schorndorf" gemacht. Angeführt von Anna Barbara Künkelin, die zu jener Zeit noch – nach ihrem ersten Manne – Walch hieß, leisteten Schorndorfer Frauen Widerstand. Sie liefen vor dem Rathaus zusammen und machten Druck auf Magistrat wie auch auf Stuttgarter Abgesandte, die Stadt keinesfalls preiszugeben. Endlich setzten sich kaiserliche Truppen in Bewegung – und der französische General Melac zog ab. So will es die Legende. Die Heldin selbst, die wenig später den Schorndorfer Bürgermeister Künkelin ehelichte, wird bis heute verehrt. Ein riesiges Mosaik am barocken Rathaus ist der Standhaftigkeit der Weiber von Schorndorf gewidmet.

Das Mosaik von 1965 ist so ziemlich das Neueste am und rund um den historischen Marktplatz, der sicher zu den schönsten in ganz Deutschland zählt. Nicht zuletzt steht hier das ehemalige Wohnhaus Barbara Künkelins, ein prächtiger Fachwerkbau. Ihren Namen tragen eine Straße, eine Schule, die wichtigste Veranstaltungshalle und ein renommierter Preis. Er wird seit den 80er-Jahren an Frauen vergeben, die durch persönlichen Mut und soziales Engagement hervorgetreten sind. Am Marktplatz, der insgesamt unter Denkmalschutz steht, finden sich weitere städtebauliche Juwelen, darunter die Palmsche Apotheke, ein bedeutendes Fachwerkhaus.

Direkt vor den Weibern, ebenfalls am Rathaus, erinnert ein Denkmal an den großen Sohn der Stadt im Remstal: Gottlieb Daimler. Der Sohn eines Gastwirts und gelernte Büchsenmacher studierte in Stuttgart Maschinenbau – und entwickelte sich in den letzten beiden Jahrzehnten des 19. Jahrhunderts zum überragenden Erfinder und Konstrukteur. Sein Geburtshaus befindet sich unweit vom Marktplatz in der Höllgasse.

→ *www.schorndorf.de.* **TIPP:** Interessante Mischung – die Galerien für Kunst und Technik im Arnold-Areal (→ *www.galerien-kunst-technik.de*).

61 DREI STAUFERBERGE

Landmarken von Kaisers Gnaden

Sie sind Landmarke, Symbol, Markenzeichen sowie beliebtes Bildmotiv, gerade auch in den sozialen Netzwerken, in denen gerne Erinnerungen, Emotionen und eben Impressionen geteilt werden. Ihre Popularität und Bekanntheit haben mithin über die Zeiten hinweg nicht gelitten, im Gegenteil: Die drei Stauferberge oder auch Kaiserberge zwischen Göppingen und Schwäbisch Gmünd sind begehrtes Ziel von Wanderern wie aber auch von Kulturbewanderten. Zwei Kommunen haben sich zudem die Silhouette – in jeweils unterschiedlicher Weise – fürs eigene Logo einverleibt: Göppingen und Waldstetten bei Schwäbisch Gmünd. Die markante Dreiergruppe ist schon von Weitem zu sehen – drei freistehende, kegelförmige Berge im unmittelbaren Vorland der Schwäbischen Alb. Alle miteinander sind es Zeugenberge; sie haben sich von dem Mittelgebirge Alb durch Erosion quasi entfernt, stehen nun allein in der Landschaft. Das macht sie heute interessant als Aussichtspunkt. Und in früheren Zeiten schon als Standort für Burgen.

Die Bezeichnung „Kaiserberge" rührt daher, dass auf dem Hohenstaufen, dem niedrigsten von den dreien (684 Meter), über Jahrhunderte die Stammburg der Staufer stand. Eines Geschlechts, das nicht nur den deutschen Südwesten, sondern im Hochmittelalter eine Zeit lang halb Europa geprägt hat. Aus dem schwäbischen Adelsgeschlecht gingen im 13. Jahrhundert römisch-deutsche Kaiser wie Friedrich I. Barbarossa und Friedrich II. hervor, deren Herrschaftsgebiet sich bis nach Sizilien erstreckte. Auf dem Hohenstaufen zeugen nur noch Ruinenreste von der einstigen Herrlichkeit – und eine Stele, die im Jahr 2002 errichtet wurde.

Etwas höher ist der Rechberg (707 Meter) nahe dem gleichnamigen Ort, einem Stadtteil von Schwäbisch Gmünd. Die Ruine Hohenrechberg, etwa 60 Meter unterhalb des Gipfels auf einem Sporn gelegen, befindet sich in einem noch recht eindrucksvollen Zustand. Tatsächlich wurde die Burg nie im Kampf zerstört oder geschleift; ein Blitzschlag samt Feuer machte sie zur Ruine. Der höchste und östlichste der drei Kaiserberge ist der Stuifen (757 Meter), Hausberg der Gemeinde Waldstetten.

→ *www.goeppingen.de*, → *www.schwaebisch-gmuend.de*, → *www.waldstetten.de*. **TIPP:** In Sichtweite der drei Kaiserberge liegt das Wäscherschloss, eine der ältesten staufischen Burganlagen (→ *www.waescherschloss.de*).

62 MUTLANGER HEIDE

Symbol des Widerstands

Die Welt um sie herum hat sich spürbar verändert. Auch die nahe gelegene: Dort, wo einst Heide und Wald waren, sind neue Häuser entstanden, ganze Neubaugebiete aus dem Boden gestampft worden. Das kleine, etwas verwitterte Holzhaus, ein sympathischer Fremdkörper, ist geblieben. Nur wenige Eingeweihte scheinen noch zu wissen, was für ein geschichtsträchtiger Ort die ehemalige Scheune ist.

In den Hoch-Zeiten der Friedensbewegung und im Protest gegen die so genannte Nachrüstung der NATO war die Hütte zunächst Anlaufstation für Journalisten, die von weither kamen. Denn just hier, auf der kleinen Mutlanger Heide bei Schwäbisch Gmünd, wurden von November 1983 an nukleare amerikanische Mittelstreckenraketen vom Typ Pershing II stationiert. Dies geschah zwar auch anderswo in Deutschland. Doch in Mutlangen kulminierte der Konflikt: Friedensbewegte aus der ganzen Republik, prominente Politiker, Künstler, Schriftsteller und Geistliche strömten hierher und demonstrierten und blockierten. Darunter Heinrich Böll, Walter Jens, Helmut Gollwitzer, Horst-Eberhard Richter, Petra Kelly oder Erhard Eppler. Mutlangen wurde unversehens zum Symbol des Widerstandes gegen den atomaren Rüstungswahnsinn, der in der Strategie vom „Gleichgewicht des Schreckens" seine so abstruse wie logische Konsequenz fand. Neue Aktionsformen wurden erprobt, die Pressehütte wurde zum Rückzugsraum für die Mitglieder der „Dauerpräsenz". Auch juristisch schrieb Mutlangen Geschichte. Die sich auf den Boden setzten, wurden von der Polizei weggetragen und später wegen Nötigung zur Zahlung von Geldstrafen verurteilt. Wer nicht zahlte, wanderte ins Gefängnis. Das Bundesverfassungsgericht kassierte 1995 diese Blockade-Urteile.

Die ehemalige Pressehütte ist heute Aktionsort, Friedenswerkstatt und Begegnungsstätte. Der Eiserne Vorhang ist gefallen, die Raketen sind verschwunden. Gegen Atomwaffen und Kriege werden hier weiterhin Aktionen organisiert, aber demonstriert wird in Mutlangen selbst nicht mehr.

ADRESSE: Pressehütte, Forststraße 3, 73557 Mutlangen.
TIPP: Das Weleda Erlebniszentrum mit Heilpflanzengarten in Schwäbisch Gmünd (➜ *fuehrungen@weleda-naturals.de*).

63 LIMES

Das längste Bodendenkmal der Welt

An manchen Abenden erwacht das Leben im Licht des Fackelscheins neu: Kommandos ertönen in lateinischer Sprache, römische Soldaten treten auf und machen vor, wie sie vor 2000 Jahren die Grenze vor den Barbaren schützten. Die Grenze ist der Obergermanisch-Rätische Limes, das mit 550 Kilometern längste Bodendenkmal der Welt. Und die Soldaten sind in Wahrheit Limes-Cicerones, Führer oder – neudeutsch – Guides, die die Historie möglichst wirklichkeitsgetreu wiederauferstehen lassen. Hier am Welzheimer Ostkastell im Schwäbischen Wald oder auch in Aalen, wo dem gewaltigen Grenzwall ein eigenes Museum gewidmet ist.

Vier Bundesländer durchquert der Limes: Rheinland-Pfalz, Hessen, Baden-Württemberg und Bayern. Allein im Südweststaat ist der Grenzwall mehr als 160 Kilometer lang, reicht vom Odenwald im Norden bis zur Ostalb an der Grenze zu den bayerischen Nachbarn. Dazwischen durchzieht er die Landkreise Heilbronn, Hohenlohe, Schwäbisch Hall und Rems-Murr. Wanderer finden noch heute entlang ausgeschilderter Routen deutliche Spuren, Mauerreste von Kastellen, Wachtürmen oder Toren zum Beispiel, mitten im Wald. So etwa nahe Buchen im Neckar-Odenwald-Kreis. Etwas weiter südlich, in Osterburken, informiert das Römermuseum über das Leben der Menschen diesseits und jenseits des Limes. Wie man inzwischen weiß, war der Riegel weniger militärischer Schutz als vielmehr überwachte Wirtschaftsgrenze. Zugleich markierte der so symbolhafte wie sichtbar-konkrete Wall das römische Herrschaftsgebiet. Vermutlich wurde zu den meisten Zeiten ein reger Handel über die Grenze hinweg betrieben.

Der Limes war im einst römischen Hinterland mit einem Netz militärischer Stützpunkte und ziviler Versorgungseinrichtungen überzogen. In Welzheim wurden Teile eines Kastells restauriert und ein archäologischer Park angelegt. Die Tortürme zeugen noch heute vom Selbstbewusstsein eines Weltreichs. In Aalen befand sich einst nicht nur ein besonders großes Kastell für eine berittene Einheit. Hier wurden auch im Jahr 2006 feierlich die UNESCO-Urkunden an die Vertreter der beteiligten Bundesländer überreicht – seither gehört der Limes zum Weltkulturerbe.

➜ *www.limesstrasse.de.* **TIPP:** Das größte Limesmuseum steht in Aalen (➜ *www.limesmuseum.de*); ebenfalls einen Abstecher wert sind das Römermuseum in Osterburken und das Limestor Dalkingen.

64 KÖNIGSBRONN UND GEORG ELSER

Einer aus Deutschland

Einer aus Deutschland. Ein gelernter Tischler und Uhrmacher aus dem Schwäbischen, ein in sich gekehrter Mann, kein Held im landläufigen Sinn, steigt in seinem Heimatort Königsbronn bei Heidenheim in den Zug, um schließlich – nach monatelangen akribischen Vorbereitungen in München – am 8. November 1939 Hitler im Bürgerbräukeller zu töten: Georg Elser. Der perfekt vorbereitete Anschlag, bei dem acht Menschen getötet und mehrere Dutzend verletzt werden, verfehlt sein eigentliches Ziel, weil Hitler früher als sonst die jährliche Feier seines Putsches von 1923 abbricht. Elser wird noch am selben Tag verhaftet. Einer aus Deutschland – so lautete der Titel eines Romans nach seiner Geschichte, und so nannte Klaus Maria Brandauer später einen Spielfilm, der Elsers Attentat auf Hitler zum Thema hatte. Einer aus Deutschland, von einem Dorf auf der Ostalb.

Bis dem Einzelgänger und Mann aus dem Volke Ehre, Respekt und Anerkennung zuteil werden, vergehen in der Bundesrepublik allerdings noch Jahrzehnte. Ganz anders als im Falle des Grafen von Stauffenberg. Wilde Gerüchte rankten sich um Elser, der solch eine Tat bestimmt nie hätte allein ausführen können. Schon die Nazis nährten Spekulationen oder beschuldigten ausländische Geheimdienste. Heute widerfährt Georg Elser endlich Gerechtigkeit. Straßen sind nach ihm benannt, in Berlin wurde am 8. November 2011 ein 17 Meter hohes Denkzeichen der Öffentlichkeit übergeben. In Königsbronn, seiner Heimat, wurde bereits Anfang der 90er-Jahre eine Erinnerungsstätte geschaffen. Auf einer Gedenktafel steht der Satz: „Ich wollte ja durch meine Tat noch größeres Blutvergießen verhindern." Und am Bahnhof Königsbronn steht eine überlebensgroße Elser-Statue.

Die Erinnerungsstätte gegenüber dem Rathaus gewährt einen umfassenden Einblick in das Leben des 1903 geborenen und im April 1945, wenige Wochen vor Kriegsende, im KZ Dachau ermordeten Elser. Früh verweigert er den Hitlergruß, und sehr früh erkennt er auch die Vorbereitungen Hitlers für einen neuen Krieg. Georg Elser – ein einfacher, aber nachdenklicher und mutiger Mann.

ADRESSE: Herwartstraße 3, 89551 Königsbronn, → *www.koenigsbronn.de*. **TIPP:** Südlich von Königsbronn liegt die Kreisstadt Heidenheim mit ihrem Wahrzeichen Schloss Hellenstein.

65 STEIFF-MUSEUM IN GIENGEN

Der andere Streichelzoo

Mit Löwen oder Leoparden kuscheln, auf Elefanten sitzen, Fischen beim Fliegen zuschauen – das können Kinder im Steiff-Museum in Giengen an der Brenz. Und Erwachsene ebenso: solche, die sich gefangen nehmen lassen von der liebevoll inszenierten Fantasiewelt, oder jene, die in ihren Erinnerungen schwelgen. Hier werden schon mal große Gefühle um einen kleinen Knopf im Ohr geweckt. Aber auch das Erkenntnisinteresse kommt nicht zu kurz.

So erfahren Besucher viel über die Geschichte der Steiff-Tiere und deren Herrin, die schwäbische Unternehmerin Margarete Steiff. Oder sie können in der Schauwerkstatt einen Einblick gewinnen in die akribische Produktion der Kuscheltiere, die hohen Qualitätsansprüchen zu genügen hat. Mitten in dem Städtchen auf der Ostalb steht das Gebäude: elliptisch mit markanten Öffnungen, goldfarben, ein moderner Blickfang. Es verkörpert den Knopf im Ohr, das Markenzeichen. Hinter der geheimnisvollen Fassade verbergen sich nicht nur 3000 plüschige Tiere, sondern auch bilderreiche Erlebnisse.

In Giengen steht eben der etwas andere Streichelzoo. Dass hier mehr noch als in anderen Sehenswürdigkeiten fotografiert und gefilmt wird, versteht sich von selbst. Gleich zu Beginn des Rundgangs können sich die Gäste auf eine Reise machen zum Planeten Plüsch. Die Reise der Margarete Steiff war kaum weniger fantastisch. Die gelähmte Frau war eine hervorragende Näherin. Aus Filz fertigte sie 1880 ein Elefäntle. Das eigentlich als Nadelkissen gedachte Tier erfreute sich bei Kindern größter Beliebtheit. Es war der Beginn einer ungewöhnlichen Firmengeschichte. Bereits um die Wende vom 19. zum 20. Jahrhundert wurden Teddybären in die USA exportiert. Als das Unternehmen vor einigen Jahren schwächelte, verlagerte die Geschäftsführung Teile der Produktion nach China. Die Entscheidung wurde alsbald revidiert. Sie passte nicht zur Heimatverbundenheit und zum Credo der Firmengründerin: „Für Kinder ist nur das Beste gut genug." So ist Steiff ein typisch schwäbisches Unternehmen geblieben: solide, bodenständig und dennoch global bekannt.

ADRESSE: Margarete-Steiff-Platz 1, 89537 Giengen an der Brenz, ➜ *www.steiff.com*. **TIPP:** Die Vogelherdhöhle bei Niederstotzingen ist einer der bedeutendsten Fundorte von Kleinkunstwerken aus der Steinzeit (➜ *www.archaeopark-niederstotzingen.de*).

66 STEINHEIMER BECKEN

Im Krater der Katastrophe

Die Katastrophe ereignete sich vor etwa 15 Millionen Jahren. Zwei Asteroiden, der eine mit einem Durchmesser von rund 1000 Metern, der andere vielleicht 100, 150 Meter dick, rasen auf die Erde zu. Der Größere formt das Nördlinger Ries mit einem Durchmesser von etwa 22 Kilometern, der Kleinere das Steinheimer Becken mit einem Durchmesser von 3,5 Kilometern. Die dabei freigesetzte Energie entspricht der Wirkung von etlichen Tausend Atombomben. Alles Leben im Umkreis von Hunderten von Kilometern war ausgelöscht, sämtliche Ökosysteme zusammengebrochen. In Millionen Jahren hat sich die Natur wieder erholt.

Doch immer noch kann man den Kraterrand gut erkennen, insbesondere, wenn man sich dem Becken und vor allem dem Ortsteil Sontheim von Westen oder Norden her nähert. Auch der Zentralhügel in der Kratermitte ist selbst für Laien sichtbar und kann bestiegen werden. Infotafeln erläutern die Zusammenhänge. Vom Süden sieht der durch gewaltigen Druck und Gegendruck entstandene Hügel aus wie ein bizarrer Felsen. Lange Zeit war man sich über die Entstehungsgeschichte des Kraters nicht im Klaren. Erst im vergangenen Jahrhundert wurde das Rätsel gelöst. Dabei half das in der Region bei manchen Bauwerken – wie beispielsweise der Burg Katzenstein – anzutreffende Baumaterial: der Suevit. Er enthält zermahlenes Grundgestein, erstarrte Schmelzen und Minerale, die nur bei äußerst hohem Druck und hohen Temperaturen entstehen. In den Sekunden oder Sekundenbruchteilen, in denen der Asteroid aufschlägt und sogar Hunderte Meter in die Erde eindringt, kommt es zu einer explosionsartigen Verdampfung sowie einem Rückstoß von sich vermischenden Materialien und Gestein. Der Zentralberg besteht vorwiegend aus Kalk- und Sandsteinen des mittleren und oberen Jura, die eigentlich gut 300 Meter tiefer liegen müssten. Durch Abtrag und Erosion verwischten mit der Zeit die scharfen Kraterränder und Höhenunterschiede. Im Unterschied zum Steinheimer Meteorkrater ist das wesentlich größere Nördlinger Ries, das nur zum kleineren Teil in Baden-Württemberg liegt, lediglich aus der Luft auszumachen.

→ *www.steinheim-am-albuch.de.* **TIPP:** Neben einer Wanderung auf dem Geologischen Lehrpfad lohnt sich auch ein Besuch des Meteorkrater-Museums im Teilort Sontheim.

67 ULMER MÜNSTER

Wer hat den Höchsten?

Wer hat den Höchsten? Die dreiste Frage ist gar nicht so weit hergeholt. Kein Bischof und kein Kardinal haben einst diese Kirche in Auftrag gegeben. Sie ist vielmehr Ausdruck von städtischem Selbstbewusstsein und von Bürgerstolz. Mit beinahe 162 Metern Höhe hat das Ulmer Münster den höchsten Kirchturm der Welt. Indes erzählt dieses wahrhaft gigantische Gotteshaus mit dem imposanten Turm noch eine andere Geschichte. Der Grundstein wurde 1377 gelegt. Erst mehr als 600 Jahre und ungezählte Baumeister-Generationen später wurde das Werk vollendet, auch mithilfe von Backsteinen, die zu anderen Zeiten verpönt gewesen wären. Dazwischen fanden statt: Finanz- und Schuldenkrisen, Kriege, Bilderstürme. Das Münster teilte das Schicksal des Unfertigen mit manch anderem Kirchenbauwerk. Auch Zweifel und Selbstzweifel setzten der Vollendung zu. Im Zeitalter von Renaissance und Humanismus stand man dem gotischen Himmelssturm verhalten gegenüber. Das erwachende deutsche Nationalgefühl in der zweiten Hälfte des 19. Jahrhunderts schuf die Voraussetzung dafür, dass dem Torso seine neu-gotische Krone aufgesetzt wurde.

Das Ulmer Münster ist mithin ein einzigartiges Monument der Baugeschichte wie auch Spiegel der gesellschaftlichen Entwicklung. Das trifft nicht minder auf die modernen Bauwerke in seiner unmittelbaren Umgebung zu. Auf das Stadthaus des New Yorker Stararchitekten Richard Meier etwa. Die Ulmer waren zunächst wenig begeistert, hatten die Bebauung des weiten Münsterplatzes auch lange Zeit abgelehnt. Dafür lockte das lichte, weiße Gebäude, das die Form mittelalterlicher Bürgerhäuser aufnimmt und zugleich kontrastiert, alsbald neue Gäste in die Stadt: die Freunde moderner Architektur. Von einem Schüler Meiers wurde wenige Jahre später die eckig-kantige, wiewohl transparent-einladende Kunsthalle Weishaupt errichtet. Von der Aussichtsplattform des Münsters nehmen sich alle anderen Bauwerke der Stadt aus wie putzige Schächtelchen. Der Blick von oben reicht an klaren Tagen bis zu den Alpen – allerdings sollte man bei guter Kondition sein. 768 Stufen sind zu überwinden.

ADRESSE: Münsterplatz 1, 89073 Ulm, → *www.ulmer-muenster.de.* **TIPP:** Rund um den altehrwürdigen Kirchenbau platziert sich moderne Architektur, so das Stadthaus, die Neue Synagoge oder die Kunsthalle Weishaupt.

68 ULM

Das schiefste Hotel der Welt

Vor diesem Gebäude geraten Touristen, egal, ob aus dem fernen China oder dem bedeutend näheren Italien, regelmäßig in Verzückung. Der Gründe gibt es wohl viele: Da ist dieses putzig-pittoreske Fachwerk, das geradezu exemplarisch stehen mag für das geschichts- und geschichtenträchtige Deutschland. Da ist der Fluss, die Blau, der hindurchzuströmen scheint. Da ist die deutlich sichtbare Neigung nach vorne, die dem Haus seinen einzigartigen Charakter verleiht. Daher auch der Guinness-Buch-Eintrag: schiefstes Hotel der Welt.

Erstmals wurde an dieser Stelle im 14. Jahrhundert ein Haus errichtet. Die heutige Gestalt erhielt das Gebäude im Verlauf des 15. Jahrhunderts, als die Ulmer Schiffsmeister das ursprüngliche Fachwerkhaus ausbauten und erweiterten. Das fünfgeschossige spätgotische Haus beherbergte – das legen Untersuchungen von Archäologen und Historikern nahe – einst sogar Fischkammern, die Frischwasserzufuhr garantierten. Auch daher wurde das Gebäude wohl halb über dem Fluss errichtet. Unterhalb des ersten Stockwerks konnten so Boote anlegen. Im Laufe der Jahrhunderte sackte das Gebäude so sehr ab, dass Gegenmaßnahmen eingeleitet werden mussten. Seit Mitte der 90er-Jahre beherbergt das historische Haus ein Hotel, in welchem zumindest die Betten eben stehen, was die extra angebrachten Wasserwaagen beweisen.

Die Geschichte des Hauses ist mit der Geschichte Ulms auf eigentümliche Weise verwoben. Hier lebte und wohnte die Witwe des wohl bedeutendsten und verrücktesten Bürgers dieser Stadt, des Schneiders von Ulm, nach dessen Tod. Albrecht Ludwig Berblinger (1770–1829) war im Land der zumeist sehr erfolgreichen Tüftler und Erfinder die tragische Figur. So erfand der Mann aus einfachsten Verhältnissen Beinprothesen. Mit einem selbst gebauten Fluggerät versuchte er über die Donau zu fliegen – was misslang. Fortan wurde Berblinger verlacht und verspottet. Er starb arm und im Kummer. Heute weiß man, dass sein Hängegleiter im Grundsatz flugfähig war. Sein Drama hat Literatur und Film vielfach inspiriert, das moderne Ulm darf stolz sein auf ihn.

ADRESSE: Schwörhausgasse 6, 89073 Ulm.
TIPP: Das idyllische Fischerviertel zieht Besucher mit seinen engen Gässchen und vielen Lokalen an. An der Donau öffnet sich der Blick aufs bayerische Neu-Ulm.

69 BLAUTOPF IN BLAUBEUREN

Wo die Nixe weint

Heute leuchtet der Blautopf türkis. Doch es gibt auch Tage, an denen die Karstquelle in dunklem Blau erstrahlt. Nicht das einzige Geheimnis, das sich um diesen verwunschenen Ort rankt. Wohin führt der Schlund? Woher kommt das Wasser? Welchen Weg nimmt es? Schon in früheren Jahrhunderten erzählte man sich viele Sagen und Legenden und spannende Geschichten um den kleinen See am Rande der bezaubernden Blaubeurer Altstadt. Bis in die Gegenwart: Ein „Tatort" spielte in Blaubeuren, Titel: „Bienzle und die Schöne Lau". Er griff eine alte Legende auf: Einst soll eine Nixe hierher verbannt worden sein. Eduard Mörike hat das Märchen 1853 aufgeschrieben.

Der Blautopf weckte freilich auch früh Neugier und Erkenntnisdrang. Frei nach Jules Verne: Nichts ist mächtiger als die Anziehungskraft des Abgrunds. Schon 1880 stieg der erste Taucher hinab. Aber erst 77 Jahre später erreichte ein Kollege den 21 Meter tiefen Grund. Nicht genug damit, fanden Höhlentaucher nach und nach heraus, dass sich unter und hinter dem Blautopf ein weit verzweigtes, kilometerlanges Höhlensystem auftut, darunter von Wasser erfüllte Gänge, Tunnel und Höhlen, aber auch Hohlräume und riesige trockene Hallen. Immer wieder stiegen Forscher hinab, und immer wieder kam es zu schlimmen, auch tödlichen Unfällen.

Die Entstehung der Höhlen ist ein fortlaufender Prozess. Als Karstgebirge ist die Alb durchlässig, Regen sammelt sich nicht in ihren Flüssen, sondern versickert rasch im Untergrund. Das Gestein wird löchrig, und aus kleinen Löchern werden über Tausende und Abertausende Jahre hinweg Höhlen, in denen wiederum Tropfsteine heranwachsen. Dass solche Höhlen von unschätzbarem Wert sind, wissen die Baden-Württemberger spätestens seit den spektakulären Funden internationaler Grabungsteams: Die ältesten figürlichen Darstellungen, die ersten Kunstwerke, die ersten Musikinstrumente der Menschheit – sie wurden allesamt im Innern der Schwäbischen Alb entdeckt. Das Urgeschichtliche Museum in Blaubeuren legt davon Zeugnis ab.

→ *www.blaubeuren.de.* **TIPP:** Rund um die Stadt befinden sich wichtige archäologische Fundstätten – Aufschluss darüber gibt das Urgeschichtliche Museum (→ *www.urmu.de*).

70 HEUNEBURG

Kapitale der Kelten

Fährt man, von der Zwiefalter Alb kommend, bei Hundersingen im Kreis Sigmaringen ins Donautal hinab, so sieht man schon mit bloßem, ungeübtem Auge merkwürdige Erdhügel links und rechts der Straße aufragen. Es handelt sich dabei nicht etwa um militärische Relikte aus der Zeit des Kalten Krieges, auch nicht um Hinterlassenschaften der modernen Abfallbeseitigungswirtschaft. Nein, hier bestand einst – und zwar viele Hundert Jahre vor unserer Zeitrechnung – eine große keltische Siedlung samt bedeutendem Fürstensitz.

Baden-Württemberg erfreut sich vieler keltischer Fundstätten – so in Hochdorf an der Enz oder in Asperg – und nicht zuletzt gehört auch der Ipf bei Bopfingen auf der Ostalb dazu. Doch die Heuneburg, jene Siedlung auf einem Bergsporn hoch über dem Donautal, scheint nach wie vor eine unerschöpfliche Fundquelle zu sein. Sie gilt als älteste frühstädtische Siedlung nördlich der Alpen und war ganz offenkundig ein wichtiges Handels- und Wirtschaftszentrum der älteren Eisenzeit. Erst vor wenigen Jahren wurden hier die Gebeine einer keltischen Fürstin geborgen, deren Knochen, reichhaltiger Schmuck und Kleidung seither mit modernsten Verfahren untersucht werden.

Trotz aller bereits gewonnenen Erkenntnisse geben die Kelten nach wie vor Rätsel auf. Sie lebten über ganz Europa verstreut und trieben Handel. Das jedenfalls legen viele Funde von Alltagsgegenständen aus dem Mittelmeerraum, die im Keltenmuseum von Herbertingen-Hundersingen ausgestellt sind, nahe. Auf der Heuneburg, genauer gesagt: in dieser keltischen Stadt, wurde der Handel noch zusätzlich durch die Donau begünstigt. So wurden im Grab der Fürstin Goldkugeln, Armreife, Perlen eines Brustcolliers, Gürtel, Felle sowie – als edelstes Stück – ein filigranes, fast 30 Zentimeter langes Band gefunden, das einst als Creole am Ohr diente. Den nachfolgenden Griechen und Römern erschienen die unbekannten Kelten einst als Barbaren. Erst in den fiktiven Abenteuern der Asterix-Comics gewinnen sie Sympathien. Die Wahrheit jenseits aller Klischees und Spekulationen findet sich aber wohl am ehesten rund um die Heuneburg.

ADRESSE: Holzgasse 6, 88518 Herbertingen, → *www.heuneburg.de*. **TIPP:** Der Naturpark Obere Donau bietet zahlreiche Möglichkeiten, die Landschaft und ihre Eigenheiten zu erkunden (→ *www.naturpark-obere-donau.de*).

71 HOHLE FELS

Wiege der Menschheit

Von den Höhlen der Schwäbischen Alb rund um Ulm aus werden regelmäßig archäologische Weltsensationen verkündet: die ältesten figürlichen Kunstwerke der Menschheit, die ältesten Musikinstrumente. Bereits 1931 wurde in der Vogelherdhöhle in Niederstotzingen bei Heidenheim ein winziges Wildpferdchen ausgegraben. Im Hohlestein-Stadel im Lonetal fand man in den 70ern Bruchstücke eines kleinen Löwenmenschen.

Im Geißenklösterle bargen die Archäologen Teile einer Flöte aus Knochen des Singschwans. Und in der bildhaft „Hohle Fels" genannten Höhle wurde die rund 40 000 Jahre alte „Venus", eine pralle Frauenfigur, entdeckt, die bald als eiszeitliches „Pin-up" reüssierte. Man kann, um das alles nachzuvollziehen, die urgeschichtlichen Museen in Ulm, Blaubeuren oder Hohentübingen besuchen. Man kann aber auch eine der Höhlen begehen, um sich anstecken zu lassen vom Grabungsfieber. Denn kaum irgendwo anders lässt sich Urgeschichte so mit den Händen greifen.

Am besten besucht man den „Hohle Fels" bei Schelklingen im Alb-Donau-Kreis, wo seit 1987 mit Unterbrechungen gegraben wird. Das Achtal schlängelt sich dort durch die Albhochfläche. Die Gegend macht wenig Aufhebens um diesen einmaligen Ort. Der Eingang liegt etwas versteckt am Fuß einer buschbedeckten Felswand. Zunächst geht es in einen Vorraum. 500 Quadratmeter groß ist diese Halle. Für die Archäologen, aber auch für Besucher wurden komfortable Gehwege eingerichtet, die Blicke in das Arbeiten der Forscher ermöglichen. Um an die prähistorischen Ablagerungen zu kommen, ist äußerst präzises und behutsames Vorgehen nötig. Drahtnetze verhängen die Wände, damit sich die Schichtprofile nicht vermischen. Sandsäcke bedecken den Boden. Immer wieder ploppen große Tropfen von der kalkig-weiß überzogenen Höhlendecke herab – Regenwasser, das den Weg durch das poröse Karstgestein geschafft hat. Und wenn nicht gerade nach urzeitlichen Resten gesucht wird, gibt der „Hohle Fels" auch einen wunderbaren Schallraum für Konzerte ab. So lässt sich zweierlei genießen: das Eintauchen in die Urzeit und ein beeindruckender Hörgenuss.

ADRESSE: 89601 Schelklingen, → *www.schelklingen.de*; → *www.eiszeitkunst.de*. **TIPP:** Bei Höhlenkonzerten auf steinzeitlichen Instrumenten wird die Höhle zur Klangkathedrale. Dicke Jacke mitnehmen!

72 GRAFENECK

Blaupause für Auschwitz

Eine Anhöhe, umgeben von Bäumen, Viehweiden und Wiesen. Am Sporn ein Schloss, in Gelb getüncht. Ein recht verstecktes idyllisches Fleckchen Erde zwischen Gomadingen und dem Landesgestüt Marbach auf der Reutlinger Alb. Es ist ein Ort, der von einer unseligen Vergangenheit erzählt: Grafeneck. Der Name, den man hier in der Region früher stets mit einem gewissen Schaudern aussprach, steht exemplarisch für die menschenverachtenden Ziele des Nazi-Regimes.

In der sogenannten Aktion T4 wurden auf Grafeneck im Jahr 1940, so ist es feinsäuberlich dokumentiert, 10 654 behinderte Menschen ermordet. Es sollte die Blaupause werden für den Holocaust, für die Vernichtungslager und den systematisierten, industriellen Massenmord im Osten des Reichs, in Auschwitz und anderen Lagern. So wurde in Grafeneck gezielt Gas zum Morden eingesetzt. Krematorien sorgten für rasche und effiziente Spurenbeseitigung. Was mit der Auslöschung „lebensunwerten" Lebens begann, setzte sich in der „Endlösung der Judenfrage" fort. Es war auch kein Zufall, dass Ärzte und Bewacher später in anderen Vernichtungslagern wieder zum Einsatz kamen. Sie hatten sich – zynisch gesprochen – bewährt.

Schloss Grafeneck diente einst den Herzögen von Württemberg als Refugium zur Jagd und als Sommerresidenz. Sogar Opern wurden hier in der Barockzeit aufgeführt. Nachdem das Anwesen schon ziemlich heruntergekommen war, wurde es in der Zeit der Weimarer Republik von der Samariterstiftung übernommen, die ein Behindertenheim einrichtete. 1939 schließlich wurde die Einrichtung „für Zwecke des Reiches" beschlagnahmt. Das heutige Grafeneck, wo wieder Behinderte leben und arbeiten können, erzählt freilich noch eine andere Geschichte: die von der mühseligen Aufarbeitung eines dunklen Kapitels deutscher Geschichte. Jahrzehntelang wurde das Thema Euthanasie-Morde verharmlost oder gar beschönigt. Eine angemessene Gedenkstätte entstand erst 40 Jahre nach dem Krieg, und das Dokumentationszentrum wurde schließlich im Jahr 2005 eröffnet.

ADRESSE: Grafeneck 3, 72532 Gomadingen, ➜ *www.gedenkstaette-grafeneck.de*. **TIPP:** Ein Besuch im Haupt- und Landgestüt Marbach, besonders beliebt: die Hengstparaden im Herbst (➜ *www.gestuet-marbach.de*).

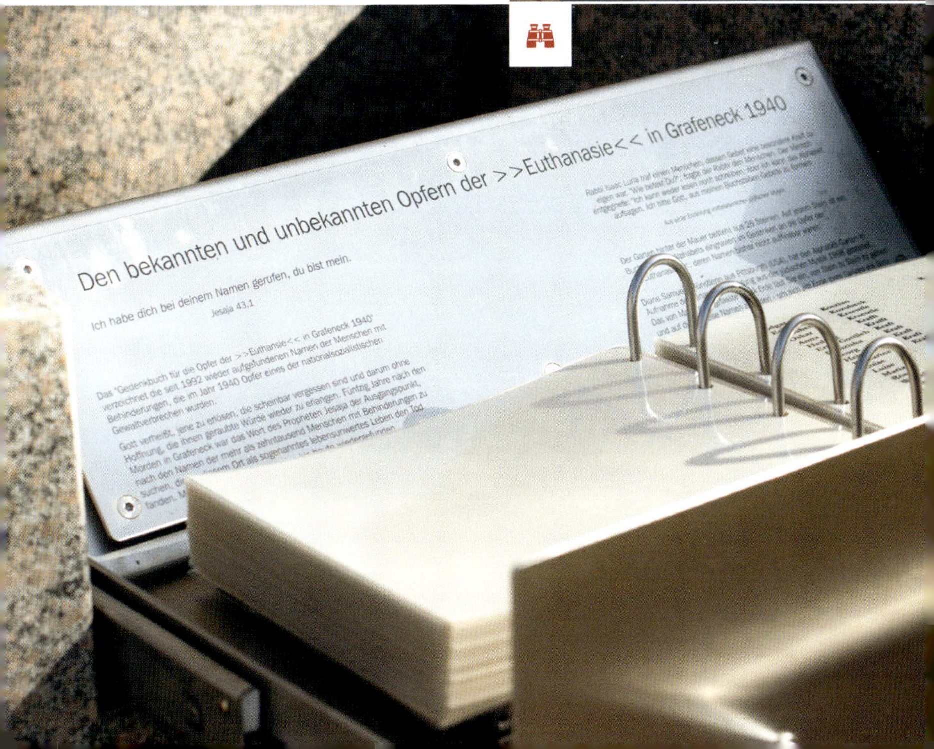

73 SCHLOSS LICHTENSTEIN

Inspiriert von einem Roman

Schloss Neuschwanstein, ein paar Kilometer jenseits der baden-württembergischen Grenze bei Füssen gelegen, wurde einst ab 1868 von einem ziemlich (w)irren König nach den idealisierten Vorstellungen einer mittelalterlichen Ritterburg errichtet. Ein Märchenschloss von wahrhaft deutschem Kitsch. Dagegen ist Schloss Lichtenstein am Albtrauf bei Reutlingen ein Bollwerk der Authentizität, des Echten und Wahren.

Das Schloss wurde gut drei Jahrzehnte früher als Neuschwanstein erbaut. Es steht höchst spektakulär auf einem gewaltigen Felsen hoch über dem Echaztal – und gibt der aus den drei Teilorten Unterhausen, Honau und Holzelfingen bestehenden Gemeinde den Namen. Und es ist im Vergleich zu seinem bayerischen Pendant klarer, bescheidener, mittelalterlicher. Und dies, obwohl der Bau – ein ziemlich ungewöhnlicher Vorgang in der Architekturgeschichte – von einem Roman inspiriert wurde. Wilhelm Hauff, ein Vertreter der Deutschen Romantik, hatte den Bestseller im Jahr 1826 veröffentlicht. Wilhelm Graf von Württemberg scheint das literarische Werk gefallen zu haben: Wenige Jahre später ließ der trinkfreudige Waffennarr das Schloss errichten.

Zuvor hatten hier bereits ein Forst- und Jagdhaus sowie tatsächlich eine mittelalterliche Burg gestanden. Wenige 100 Meter vom heutigen Schloss entfernt können Wanderer die Ruinen einer noch älteren Burg besichtigen. Auch das obligatorische Hauff-Denkmal darf nicht fehlen, immerhin war er der Spiritus Rector des steinernen Denkmals. Im und am Schloss beeindrucken die Zugbrücke, die zu betreten Schwindelfreiheit voraussetzt, einige Gemälde sowie die Trinksprüche und -gefäße aus des Grafen offenbar lebenslustiger Regentschaft. Das größte Glas der Sammlung musste von etlichen Männern respektive Dienern gehalten und balanciert werden, um dem Herrn einen unbeschwerten und vor allem unfallfreien Schluck zu ermöglichen. Die atemberaubende Lage des Schlosses in luftiger Höh' und der Stein gewordene Ritter-Mythos haben neben amerikanischen Touristen schon manche Filmcrew angezogen. Zuletzt war Schloss Lichtenstein Drehort für eine Neuverfilmung von „Dornröschen".

→ *www.schloss-lichtenstein.de.* **TIPP:** Für Wagemutige – der Abenteuerpark gleich nebenan; für Genießer – Forellen essen in Honau, unterhalb vom Lichtenstein.

74 BÄREN- UND NEBELHÖHLE

Skulpturen-Hallen der Alb

Knochen, Schädel und Skelett haben ihren Reiz. Wenn sie von Bären stammen, umso mehr. Die Bärenhöhle nahe Sonnenbühl-Erpfingen gehört – nicht zuletzt deswegen – zu den meistbesuchten Höhlen der Schwäbischen Alb. Ihren Namen verdankt sie in der Tat den vielen Überresten von Höhlenbären, die hier gefunden wurden. Genau genommen besteht sie aus der schon im Jahr 1834 gefundenen Karlshöhle und der erst 1949 entdeckten Fortsetzung. Ein heimischer Lehrer fand erstere auf der Suche nach Heilkräutern. Seine Schnupftabakdose verschwand in einem Spalt, unter dem sich die Welt einer Tropfsteinhöhle öffnete. Die heutige Namensgeberin fand ein Höhlenführer, als er die Fledermäuse auf ihrem Flug beobachtete.

Ein Großteil der Alb, so darf man vermuten, besteht wie andere Karstgebirge auch im Untergeschoss aus Tropfsteinhöhlen, die in Jahrmillionen durch versickerndes Wasser entstanden sind. Von der Decke zum Boden wachsen die Stalaktiten, in umgekehrter Richtung die Stalagmiten. Wenn sie sich verbinden, entstehen Stalagmaten. Deutlich größer als die Bärenhöhle ist die nahe gelegene Nebelhöhle, die ebenfalls auf Sonnenbühler und auch auf Lichtensteiner Gemarkung liegt. Obwohl weniger Besucher gezählt werden, ist sie spektakulärer: Bizarre, kunstvolle Skulpturen, von der Natur geformt, mächtige Sinterkaskaden, weite Hallen und gewaltige Tropfsteine beeindrucken die Gäste.

Die Nebelhöhle wurde schon etliche Jahrhunderte früher entdeckt. Kurfürst Friedrich I. von Württemberg ließ 1803 eigens ein Eingangsportal, Brücken und Treppen aus Holz anlegen. In diese Zeit datiert auch das erste Nebelhöhlenfest, das sich an Pfingsten alsbald zur Tradition herausbildete. Populär wurde die Nebelhöhle im 19. Jahrhundert auch deshalb, weil sie in Wilhelm Hauffs Roman „Lichtenstein" eine wichtige Rolle spielte. Dem historisch-romantischen Werk zufolge verbarg sich Herzog Ulrich von Württemberg während seines Kampfes gegen den Schwäbischen Bund im 16. Jahrhundert in der Höhle. Heute nicht mehr vorstellbar: 1961 wurde ein riesiger Tropfstein abgesägt, um Teile daraus als Schmuck für die Wandverkleidung im Treppenhaus des Stuttgarter Neuen Schlosses zu verwenden.

ADRESSE: Auf der Bärenhöhle bzw. Lichtensteinstraße, 72820 Sonnenbühl, ➜ *www.sonnenbuehl.de*, ➜ *www.gemeinde-lichtenstein.de.* **TIPP:** Für Höhlenfreaks – in Lichtenstein-Honau liegt die Olgahöhle, Deutschlands größte Kalktuff-Höhle.

75 SPREUERHOFSTRASSE IN REUTLINGEN

Die engste Gasse der Welt

Wie lange wird der Rekord wohl noch halten? Zwei Gefahren drohen. Zum einen neigt sich Haus Nummer 9, weil alt und schon einigermaßen marode, zum Nachbarhaus hin. Die Dachrinne des einen Hauses berührt die Außenwand des anderen Gebäudes jetzt schon. Zumindest im Dämmerlicht. Bei Dunkelheit traut man sich schon gar nicht mehr durch diesen schmalen Spalt, muss man doch damit rechnen, hängen zu bleiben zwischen den rauen Mauern, die an der engsten Stelle gerade mal 31 Zentimeter auseinanderstehen. Die Gasse entstand nach einem Stadtbrand im frühen 18. Jahrhundert – der Spreuerhof war in jener Zeit ein Getreidelager. Das Entscheidende aber: Der Durchgang gilt als engste Straße der Welt. Zwei Schilder machen in Deutsch wie Englisch darauf aufmerksam.

Die andere Gefahr hängt mit der ersten zumindest mittelbar zusammen. Sollte das Haus nämlich dereinst verkauft werden, dürfte der Käufer nicht den Erhalt im Sinn haben. Die Lage ist ein Filetstück am Rande der Reutlinger Altstadt zwischen Garten- und Metzgerstraße. Ein Stück Stadtmauer steht hier noch, zwei alte Türme, moderne Gastronomie, ein Kinotheater, prachtvolle Industriellenvillen – alles ist nah beieinander, verkehrsgünstig und zentral obendrein. Abriss und Neubau wären für einen Investor nahezu unausweichlich. Auch dann wäre der Weltrekord beim Teufel: „Narrowest street in the world". Und der Eintrag ins Guinness-Buch. Das Marketing wäre um eine Attraktion ärmer.

Denn die Spreuerhofstraße ist Teil vieler Stadtführungen. Sie lockt Liebhaber des Skurrilen in die Achalm-Stadt und Fans seltsamer Rekorde. Nicht, dass Reutlingen sonst nichts zu bieten hätte. Die frühere Reichsstadt und einstige Metropole der Textilindustrie liegt herrlich gebettet unter dem kegelförmigen Hausberg Achalm am Fuße der Alb. In der Altstadt finden sich gemütliche Gässchen, mächtige Tore und sympathische Plätze. Und da wäre noch ein gotisches Meisterwerk, die Marienkirche. Sie ist ohne Zweifel ein nationales Kulturdenkmal, aber eben keine globale Sensation wie die Spreuerhofstraße mit ihrer Youtube-Prominenz.

→ *www.tourismus-reutlingen.de.*
TIPP: Einen wunderbaren Blick auf die Stadt hat man von der Achalm.

76 METZINGEN

Chinesenshuttle ins Schnäppchenparadies

Schaffig war Metzingen schon früher, ansehnlich geworden ist die Mittelstadt im Kreis Reutlingen aber erst in den letzten Jahren. Größere und kleinere Fabriken – vor allem aus der Textilindustrie und dem Maschinenbau – prägten noch vor 40, 50 Jahren das Weichbild der Stadt. Eine enge, kurvige Ortsdurchfahrt führte durch den damals unansehnlichen alten Stadtkern, der seiner Restaurierung harrte.

Heute erstrahlen die sieben historischen Keltern der Weingärtnerstadt Metzingen in neuem Glanz. Und der zentrale Lindenplatz lädt ein zum Flanieren wie zum Verweilen. Er verbindet die historische Mitte mit der Outletcity, die sich zum kleineren Teil in alten Fabrikgebäuden zeitgemäß eingenistet, zum größeren Teil in modernen und futuristischen Gebäuden ganz neu etabliert hat. Wer Zeit und Gemütsruhe mitbringt, kann hier Skurriles, Schrilles, Sensationelles beobachten. Denn die kleine Stadt am Rand der Schwäbischen Alb, Teil des Biosphärengebiets, umgeben von knorrigen Streuobstwiesen, ist begehrtes Ziel von Menschen, die keinen Weg scheuen. Vor 30 Jahren staunten gemeine Metzinger über Norddeutsche. Heute finden sich Franzosen und Schweizer, Russen, Chinesen, Araber ein. Markenverrückte aus der ganzen Welt lassen sich bezaubern, gehen shoppen im tiefsten Schwabenländle, lassen ordentlich Geld liegen und genießen sogar mal einen heimisch-württembergischen Wein oder sprechen regionalen Spezialitäten zu.

Was sich früher kein Metzinger in den kühnsten Träumen vorgestellt hätte: Sogar die Hotels freuen sich heute über Gäste aus fernen Ländern und fremden Kontinenten. So bringen Shuttle-Busse Chinesen vom Stuttgarter Flughafen auf direktem Weg an den Albtrauf. Die pietistisch-betriebsame Atmosphäre hat trotz einer nach wie vor überdurchschnittlich hohen Beschäftigungsquote einer eher lässigen Geschäftigkeit Platz gemacht – im Unterschied zu früheren Zeiten lädt das heutige Metzingen zum genussvollen Pausieren zwischen den Einkäufen ein.

→ *www.metzingen.de*, → *www.outletcity.com*.
TIPP: Im Ermstal kann man ausgedehnte Spaziergänge durch Weinberge wie auch Streuobstwiesen machen. Hier beginnt auch das Biosphärengebiet Schwäbische Alb (→ *www.biosphaerengebiet-alb.de*).

77 HOHENNEUFFEN

Ein Viertele auf den Südweststaat

Schon von Weitem erkennt man die mächtige Ruine am Albtrauf. Die von Eduard Mörike so bezeichnete Blaue Mauer steigt auf aus den Tiefen der Ebene: Das Mittelgebirge Schwäbische Alb hebt sich deutlich ab von den nördlich gelegenen Landstrichen des Neckartals und seiner Zuflüsse. Manche Burgruine wurde in Jahrhunderten vom Wald verschlungen, nicht jedoch die dicken Festungsmauern, die auf einem weißen Jurafelsen nahe der Stadt Neuffen im Kreis Esslingen thronen.

Der strategisch günstigen Lage wegen war der Hohenneuffen schon in keltischer Zeit besiedelt. Im Mittelalter wie auch im Dreißigjährigen Krieg wurde um Burg und Berg in blutigen Kämpfen gerungen. Geschichte schrieb die Burgruine aber auch in jüngerer Vergangenheit: Im Sommer 1948 fand hier ein wichtiges Dreiländertreffen statt, bei dem die Gründung Baden-Württembergs vorbereitet wurde. Drei Jahre nach dem Zweiten Weltkrieg war der Südwesten noch in zwei Besatzungszonen und drei Länder geteilt: Württemberg-Baden, Württemberg-Hohenzollern und Baden. Der damalige Ministerpräsident von Württemberg-Baden, der Schorndorfer Reinhold Maier, lud Delegationen aus allen drei Ländern, darunter die Regierungschefs, Minister, Parteivorsitzende und Beamte, an den geschichtsträchtigen Ort. Den Hohenneuffen hatte Maier mit Bedacht gewählt, weil er abgeschieden war von der Öffentlichkeit und weil er einen weiten Blick ins Land, besonders jedoch auf die nahe Zonengrenze des zerrissenen Südwestens eröffnete.

Die Linie zwischen französischer und amerikanischer Zone verlief nahe der Autobahn A 8. Die Tagung, an der auch der Südbadener Leo Wohleb, ein erbitterter Gegner des gemeinsamen Staates, teilnahm, verlief in sachlicher Atmosphäre und wurde zum Meilenstein auf dem Weg zum Südweststaat, der schließlich 1952 aus der Taufe gehoben werden sollte – mit Reinhold Maier an der Spitze der Regierung. Eine gern erzählte Anekdote will wissen, dass die grundsätzlich gute Stimmung auf dem Berg nicht zuletzt durch den Genuss von Neuffener Täleswein befördert wurde, von Wein also aus den höchstgelegenen württembergischen Weinbergen.

ADRESSE: 72637 Neuffen, ➜ *www.hohenneuffen.de*. **TIPP:** Nach einer anstrengenden Wanderung am Albtrauf kann man sich in der Panorama-Therme von Beuren entspannen (➜ *www.beuren.de*).

78 HÖLDERLINTURM IN TÜBINGEN

Wo Genie und Wahnsinn wohnten

Kaum eine Ansichtskarte von Tübingen kommt ohne ihn aus: den rundlichen Hölderlinturm mit seinem spitzen Dach, als Teil der pastell-bunten Häuserfront am Neckar. Ein liebreizendes Motiv, das regelmäßig um und in die Welt hinausgeht. Es ziert Buchcover und Plakate und steht wie nichts anderes für die beschauliche Universitätsstadt Tübingen. Wenn das Bild noch ergänzt wird durch einen Stocherkahn, dieses andere Tübinger Wahrzeichen, ist die Idylle perfekt. Viele Liegeplätze für die Kähne befinden sich tatsächlich direkt vor dem Hölderlinturm.

Der Turm ist Tübingens bekannteste und wichtigste Gedenkstätte. Nicht ohne Grund: die meiste Zeit seines Lebens verbrachte der Lyriker Friedrich Hölderlin an diesem Ort. Bedeutende Werke entstanden hier, wiewohl er seinen Zeitgenossen bereits als wahnsinnig galt. Sein Leben ist geprägt von Schicksalsschlägen und unglücklicher Liebe, von materieller Not und Unverständnis. Als Hölderlin im Jahre 1807 in den Haushalt des Tischlers und „Hyperion"-Bewunderers Ernst Zimmer kommt, wird er für unheilbar krank gehalten. Man gibt ihm nur noch wenige Jahre. Doch die fürsorgliche Pflege, vor allem durch Zimmers Tochter, gibt ihm Rückhalt und Sicherheit. Er stirbt 1843. Zwar ist Hölderlin schon zu Lebzeiten recht bekannt, aber erst viel später wird der lyrische und philosophische Schatz des Dichters gehoben, den manche Zeitgenossen für einen überspannten Romantiker und bloßen Nachahmer Schillers gehalten haben.

36 Jahre lebte Hölderlin in dem damals zweistöckigen Haus, in einem „kleinen geweißneten Amphitheatralischen Zimmer", wie Freund und Begleiter Wilhelm Waiblinger schreibt. Haus und Turm veränderten ihr Äußeres nach einem Brand. Es bleibt der Hölderlinturm. Die Stadt ersteht das Haus in den 20er-Jahren des 20. Jahrhunderts. Und noch einmal ein halbes Jahrhundert später wird es renoviert und umgestaltet – um Möglichkeiten zu schaffen, sich mit Hölderlin in Tübingen auseinanderzusetzen. Auch Konzerte, Lesungen, Vorträge finden hier statt.

ADRESSE: Bursagasse 6, 72070 Tübingen. **TIPP:** In der malerischen Universitätsstadt (➜ *www.tuebingen.de*) buhlen viele Attraktionen um Gäste: Rathaus mit Marktplatz, Schloss Hohentübingen mit seinen Sammlungen oder die Kunsthalle.

79 BEBENHAUSEN

Kloster, Schloss und Landtagssitz

Türme, Tore, ein mehrfacher Mauergürtel – und das Ensemble als solches gebettet ins Goldersbachtal und gelehnt an die sanften Hänge des Schönbuchs: Kloster und Schloss Bebenhausen sind zusammen ein idyllisches Plätzchen Erde unweit von Tübingen. Ein wahres Kleinod ist das Sommerrefektorium des Klosters, eine zweischiffige, freundlich helle Halle mit Fächergewölbe. Es ist ein glanzvolles Beispiel gotischer Architektur.

Einst wirkten hier Zisterzienser, die das Land urbar machten und der Umgebung ihren Stempel aufdrückten. Gemäß der zisterziensischen Autarkie legten die Mönche Fischteiche an, betrieben Wald- und Gartenwirtschaft, sogar Weinbau. Zu einem spannenden Geschichtsort macht das Kloster Bebenhausen aber vor allem die wechselvolle Zeit nach der Reformation. In mehreren Schüben verließen die katholischen Mönche ihre einstige Wirkungsstätte. Aus Bebenhausen wurde eine evangelische Klosterschule, die beispielsweise der spätere Philosoph Friedrich Wilhelm Schelling besuchte. Weil die Anlage von Wald umgeben war, weckte sie bei den württembergischen Landesherren große Begehrlichkeiten. Sie nutzten das ehemalige Abtshaus als Jagdschloss. Im Jahre 1812 wurde Bebenhausen zum Austragungsort für ein einzigartiges Event, das prunkvolle Dianenfest, bei dem rund 800 zuvor gefangene Tiere wie Hirsche und Wildschweine an der Hofgesellschaft vorbeigetrieben und abgeschossen wurden.

Und noch zweimal schrieb Bebenhausen Geschichte: Zum einen fand hier das württembergische Königspaar nach dem Ende des Ersten Weltkriegs und der Ausrufung der Republik Unterschlupf und Wohnstatt. Zum anderen tagte hier nach dem Zweiten Weltkrieg der Landtag von Württemberg-Hohenzollern. Im Winterrefektorium des Klosters wählten die Abgeordneten im Juli 1947 ihren „Staatspräsidenten“ Lorenz Bock sowie dessen Stellvertreter Carlo Schmid, einen der Väter des Grundgesetzes. Im April 1952 ging der noch junge Staat zusammen mit Württemberg-Baden und Baden im gemeinsamen Baden-Württemberg auf.

➜ *www.kloster-bebenhausen.de.* **TIPP:** Der Schönbuch lockt mit Wildgehegen, Lehrpfaden, Mooren und Bannwäldern (➜ *www.naturpark-schoenbuch.de*).

80 WALDENBUCH

Schokoquadrate und ein Museum

Als Joachim Gauck zum Antrittsbesuch nach Baden-Württemberg kam, hatte ihm der gastgebende Ministerpräsident auf dem Weg nach Tübingen eigentlich das Ritter-Museum zeigen wollen. Es kam dann nicht dazu. Aber es zeigt doch, dass Winfried Kretschmann diesen Bau als etwas Besonderes wertet. Und das ist es auch. Das gemütliche Städtchen Waldenbuch im Landkreis Böblingen ist, obwohl es dort ein Schloss und Fachwerk gibt, nicht gerade ein Hotspot. Das dortige Ritter-Museum ist es sehr wohl.

Die Alfred Ritter GmbH und Co. KG verlegte 1930 ihre Schokoladenproduktion nach Waldenbuch. Über Jahrzehnte wuchs und gedieh die auf dem gleichschenkligen Viereck basierende Schoko-Marke („quadratisch, praktisch, gut"). Doch deshalb musste man nicht nach Waldenbuch reisen. Erst das 2005 gegründete Museum in einem – was sonst – quadratischen Bau machte den Ort am Rande des Naturparks Schönbuch zu einem lohnenswerten Ziel auch und gerade für Familien. Marli Hoppe-Ritter, die Enkelin des Firmengründers, hatte über die Jahre so viele Kunstwerke rund um das Quadrat zusammengetragen, dass sie sich mit dem eigenen Schauraum am Stammsitz einen Traum erfüllte. Schon die viel Tageslicht durchlassende, quadratisch gerasterte Decke stimmt auf das Motto „Kunst im Quadrat" ein.

Die wechselnden Ausstellungen – 800 Kunstwerke sind im Bestand – sind sehenswert und zumeist ungewöhnlich. Man kann sich gar nicht vorstellen, dass das Thema so mannigfach variiert werden kann. Und das Gebäude! Max Dudler, der Berliner Architekt, spielt auf den 44 mal 44 Metern mit den Ecken. Das sähe man freilich nur aus der Vogelperspektive. Vor den Besuchern liegt das Haus aus hellem Kalkstein wie ein kühler, rechteckiger Block und steht erst einmal in Kontrast zum sinnlichen, braun-warmen Thema Schokolade. In einem Flügel ist das Museum untergebracht, im anderen das Schokoladenhaus. Im ersten Stock gibt es eine Schokoausstellung über die süße Verführung und eine Schokowerkstatt gewährt Einblicke in die Herstellung. Der Clou dabei: die große Schokoladenfabrik liegt gleich nebenan.

ADRESSE: Alfred-Ritter-Straße 27, 71111 Waldenbuch, → *www.museum-ritter.de*, *www.ritter-sport.de*. **TIPP:** Mit Kindern Schokolade samt Verpackung selber machen. Vorher buchen, Andrang ist groß!

81 MÖSSINGER GENERALSTREIK

Der einzige Streik gegen Hitler

Das Städtchen Mössingen südlich von Tübingen ist kein Blickfang. Malerische Altstadtgässchen und bedeutende Sehenswürdigkeiten sucht der Fremde vergebens. Immerhin, der Albtrauf ist nah, die Landschaft zwischen Neckartal und Schwäbischer Alb recht abwechslungsreich. Außerdem findet sich in dem Ort die Erinnerung an ein Ereignis, das seinesgleichen sucht in der deutschen Geschichte. Ausgerechnet hier nämlich, in der tiefsten württembergischen Provinz, fand Ende Januar 1933 ein Generalstreik gegen die Machtergreifung der Nazis statt. Zwei Gedenktafeln thematisieren das außergewöhnliche Ereignis: auf dem Jakob-Stotz-Platz, benannt nach dem Mössinger Kommunisten und Mitanführer beim Streik. Eine zweite Tafel hängt an der Langgass-Turnhalle.

Wieso aber ausgerechnet hier? Zumindest eine schlüssige Antwort darauf gibt es: Mössingen war zu jener Zeit stark von Textilindustrie und Maschinenbau geprägt. Die Arbeiterschaft in den Fabriken war zum Teil gut organisiert. Noch am Abend des 30. Januar, als Hitler von Reichspräsident Hindenburg als Reichskanzler vereidigt wurde, versammelten sich mehr als 200 Personen in der Langgass-Turnhalle, angeführt vom örtlichen KPD-Vorsitzenden Martin Maier. Eine „antifaschistische Aktionsgruppe“ wurde gegründet, erstmals wurden auch Parolen skandiert wie „Hitler bedeutet Krieg“ oder „Hitler verrecke“. Am darauffolgenden Tag schwoll die Menge der Protestierenden rasch an. Am Nachmittag rückte die erste Polizeistaffel aus, gerufen von einem Fabrikbesitzer. Zur gleichen Zeit verbreitete sich die schmerzliche Erkenntnis, dass die Mössinger weit und breit allein geblieben waren mit ihren Aktionen. Zahlreiche Streikende wurden verhaftet und abgeurteilt – vor allem wegen „Landfriedensbruchs“, aber auch wegen „Vorbereitung zum Hochverrat“.

Einige „Rädelsführer“ überlebten Nazi-Diktatur und Krieg. Dennoch tat sich Mössingen lange schwer mit dem stolzen Erbe, was vor allem an der antikommunistischen Grundstimmung in Westdeutschland lag. Erst in den 80er-Jahren begann die produktive Auseinandersetzung mit der eigenen Geschichte, begleitet von manchem Streit im Gemeinderat.

Massenstreik!

Hitler Reichskanzler!

Der Reichspräsident Hindenburg, der Präsidentschaftskandidat der SPD.-, Reichsbanner- und Gewerkschaftsführer, hat seinen „Gegner" Adolf Hitler zum Reichskanzler ernannt. Hitler hat eine Regierung der faschistischen Konterrevolution gebildet.

Diese Regierung wird mit allen Mitteln des faschistischen Terrors unter Einsatz der SA.-Mordkolonnen und des Stahlhelm versuchen, den Widerstand der Arbeiterklasse zu brechen und den Weg der offenen faschistischen Diktatur zur Rettung des bankrotten Kapitalismus gehen.

Die Grundlage der Einigung zwischen Nazis, Deutschnationalen und Stahlhelm ist: Ausnahmezustand und Verbot der Kommunistischen Partei und der revolutionären Massenorganisationen. Der Führer im Freiheitskampf der Werktätigen soll brutal und rücksichtslos zertreten werden.

Die Kommunistische Partei ruft die Arbeiterklasse, die Angestellten und Beamten, die Mittelständler, Kleinbauern zur machtvollen Entfaltung der Antifaschistischen Aktion, zum entschlossenen Widerstand. Noch dringender, mahnender, der ganzen ungeheuerlichen Reichweite der kommenden Ereignisse für das weitere Schicksal des deutschen Proletariats bewußt, wiederholen die Kommunistische Partei und die RGO. ihr schon am 20. Juli vorigen Jahres gemachtes Einheitsfrontangebot an die sozialdemokratischen und freigewerkschaftlichen Arbeiter und unteren Organisationen, an die parteilosen und christlichen Arbeiter zum gemeinsamen und entschlossenen Handeln gegen die faschistische Reaktion und ihre staatsstreichlerischen Pläne. Wir rufen die Belegschaften der Betriebe zum Massenstreik heraus, die gewaltige Offensivkraft der Betriebe zu verbinden mit den Massenkämpfen der millionenfachen Erwerbslosenarmee.

Ihr SPD.-Arbeiter und Klassengenossen … den Gewerkschaftsver-
… D. und des ADGB, in den
… rvierteln, in den Stadtteilen
… alter an Schulter im engsten
… n Schlag des Faschismus
… e des Massenstreiks zu be-

→ *www.moessingen.de*. **TIPP:** Ein anderer bedeutsamer Geschichtsort, südwestlich von Mössingen im Zollernalbkreis gelegen, ist die KZ-Gedenkstätte Bisingen (→ *www.gedenkstaetten-bw.de*).

82 MÖSSINGER BERGRUTSCH

Als der Berg ins Tal kam

Nebel und Nieselregen nehmen die Sicht und dämpfen jedwedes Geräusch. So kommt es, dass die Naturkatastrophe an diesem Morgen nahezu unbemerkt ihren Lauf nimmt. Dabei kommt beim Hirschkopf südlich von Mössingen ein ganzer Berg in Bewegung, bricht die Hangkante des Albtraufs auf mehreren Hundert Metern ins Tal. Riesige Gesteinsbrocken müssen durch die Luft geflogen, Bäume zersplittert oder wie Streichhölzer geknickt worden sein. Es ist ein scheußlich-regnerischer Dienstag im April 1983.

Erst um die Mittagszeit, als es heller ist und sich einige Wolken verzogen haben, wird das Ausmaß des Jahrhundertereignisses offenbar: Ein vormaliges Tal ist weitgehend zugeschüttet, eine riesige Kieswüste entstanden. Geröll und Steine vermitteln den Eindruck, man befinde sich irgendwo in den Alpen, nicht aber im idyllischen Vorland der Schwäbischen Alb. Wo vorher Wald den steilen Hang verdeckte, steht nun eine nackte Felswand. Geröll überall, Bäume ineinandergeschoben, eine neue Landschaft modelliert von einem Naturereignis, ausgelöst durch wochenlange starke Niederschläge.

Der Mössinger Bergrutsch wird alsbald zum faszinierenden Anschauungsmaterial für die geologischen Verhältnisse in diesem Jurakalk-Meer. Zum Modellfall für eine Flora und Fauna, die kaum irgendwo sonst zu besichtigen ist. Und sogar Tiere werden hier wieder heimisch, die als bedroht galten. Zwischen Kieshalden und Geröllhügeln bilden sich kleine Seen und Tümpel, die beispielsweise Schildkröten beherbergen. Hoch über der neu entstandenen steinigen Steilwand siedeln sich Wanderfalken und Kolkraben an. Die rund 90 Hektar Bergrutsch-Gelände werden zum natürlichen Experimentierfeld. Denn die Natur bleibt nicht stehen. Bäume und Büsche schlagen wieder aus, Grün überwuchert heute wieder vielerorts das helle Gestein. Nur die Felswand, in deren Nähe ein gut ausgeschilderter Lehrpfad vorbeiführt, zeugt noch heute vom Ausmaß des gewaltigen Bergrutsches. Eines Ereignisses, das sich im Prinzip hier, am Rande der Schwäbischen Alb, jederzeit wiederholen kann.

→ *www.moessingen.de.* **TIPP:** Unweit vom Hirschkopf liegt das Fluggelände Farrenberg. Hier kann man erleben, warum der Albrand bei Segelfliegern so beliebt ist.

83 BURG HOHENZOLLERN

Preußens Gloria am Albrand

Kein schöner Schloss in deutschen Landen: Über das Bauwerk kann man zwar streiten, doch die Lage der Burg Hohenzollern auf einem der Schwäbischen Alb bei Hechingen vorgelagerten Bergkegel ist phänomenal. Sie lockt jährlich Hunderttausende Besucher an, viele aus dem Ausland, die den Hohenzollern – zu Recht – für „typisch deutsch" halten. Also ein Muss, wenn sie schon mal in Old Germany sind. Und die Burg ist ja auch nichts weniger als Stammsitz des preußischen Königshauses und damit des ehedem regierenden deutschen Kaiserhauses.

Wer zu Fuß den Berg erklimmt, kommt unweigerlich ins Keuchen und Staunen. Überaus steil ist der Anstieg. Die Zollern waren im frühen Mittelalter ein bedeutendes schwäbisches Hochadelsgeschlecht. Zu Beginn des 13. Jahrhunderts wurden, um die damaligen Besitztümer zu teilen, eine schwäbische und eine fränkische Linie begründet. Aus Letzterer ging später die brandenburgisch-preußische Linie hervor. Burgen standen auf dem 855 Meter hohen Gipfel immer wieder – mal wurden sie von den Reichsstädten zerstört, mal von den Habsburgern oder französischen Truppen besetzt. Zu Beginn des 19. Jahrhunderts verfiel die Anlage zusehends, lediglich die Michaelskapelle war noch erhalten geblieben. Da fasste König Friedrich Wilhelm IV. von Preußen einen Beschluss. Heimgesucht von mutmaßlich romantischen Stimmungen sowie dem Wunsch, die Wurzeln seiner Herkunft freizulegen, baute er den Stammsitz seiner Vorfahren wieder auf. In der Tat ist die heutige Burg, deren Grundsteinlegung im Jahr 1850 stattfand, ein steinernes Zeugnis des Historismus, zugleich die Idealvorstellung einer mittelalterlichen deutschen Burg: prunkvoll ausgestattet, mit Türmen, Türmchen und Zinnen verziert. Dass eben dieser König kein Freund von Reformen und zu viel Demokratie gewesen ist, verwundert kaum. Zu den wichtigsten Schätzen gehören die preußische Königskrone, eine Uniform Friedrichs des Großen und die Schnupftabakdose, die ihm während einer Schlacht das Leben rettete. Der Sarg mit seinen Gebeinen fand auf dem Zollern zu DDR-Zeiten Asyl. Erst nach der Wiedervereinigung wurde er wieder nach Potsdam überführt.

ADRESSE: 72379 Burg Hohenzollern, ➜ *www.burg-hohenzollern.com.*
TIPP: Den schönsten Blick auf das Märchenschloss hat man vom Premiumwanderweg „Traufgang Zollernburg-Panorama“ (➜ *www.traufgaenge.de*).

84 JÜDISCHES VIERTEL IN HAIGERLOCH

Jüdische Spurensicherung

Das kleine Städtchen Haigerloch im Zollernalbkreis hat den Beinamen Felsenstädtchen. Kein Wunder, denn es liegt im steilen, von schroffen Felsen eingerahmten Eyachtal, das just hier mehrere, zum Teil enge Schlingen bildet. Wer zum ersten Mal hierherkommt, kann rasch die Orientierung verlieren: Wo war doch gleich die Schlosskirche? Und die Oberstadt? Inmitten einer Schlinge und umgeben von Wasserläufen auf fast allen Seiten, befindet sich das ehemalige jüdische Wohnviertel Haag.

Juden lebten einst in allen Landesteilen des heutigen Baden-Württemberg. Ihr Beitrag zur (Kultur-)Geschichte ist immens, die Spuren müssen indes vor der Verwischung vielerorts dringend bewahrt werden. In Haigerloch ist das nach einem langen, zähen Ringen gelungen: Die Synagoge ist dafür ein herausragendes, auch ein entlarvendes und zugleich typisches Beispiel. Nach dem Zweiten Weltkrieg war das Gebäude zuerst Kino, dann Lebensmittelmarkt und schließlich Lagerhalle. Mit der Zeit wurde es baulich verändert, kam herunter. Erst in den späten 90er-Jahren des vorigen Jahrhunderts begann die Erinnerungsarbeit, organisierte sich ein Kreis von Bewahrern und Mahnern. Und seit 2004 ist hier, nach vielfältigen Umbaumaßnahmen, die Dauerausstellung „Spurensicherung: Jüdisches Leben in Hohenzollern" zu sehen, mit persönlichen Erinnerungsstücken und vielen Dokumenten.

Einzigartig in Haigerloch ist dennoch weniger die Synagoge selbst; mittlerweile sind im Land einige ehemalige jüdische Gottes- und Gebetshäuser restauriert worden und dienen zumindest dem Gedenken. Doch kaum irgendwo sonst findet sich die einstige Synagoge noch eingebettet in einem äußerlich vollständig erhaltenen Viertel, das die jüdische Infrastruktur samt Gemeindehaus, Metzgerei, Tauchbad, Gasthaus und – nicht zuletzt – Friedhof offenbart. Einstige Haigerlocher Juden und deren Nachkommen haben seither wieder einen Ort der Erinnerung. Vor dem Holocaust hatten sie mehr als 600 Jahre lang das Leben in Stadt und Region mit geprägt.

➜ *www.haigerloch.de*, ➜ *www.synagoge-haigerloch.de.*
TIPP: Das Städtchen war Ende des Zweiten Weltkriegs Standort für den letzten Großversuch zur Kernspaltung – darüber informiert das Atomkeller-Museum.

85 DER BUSSEN

Heiliger Berg Oberschwabens

Ein rechter Älbler wird den Bussen womöglich als richtigen Berg nicht akzeptieren. Im Westen erklimmt das Mittelgebirge Schwäbische Alb immerhin über 1000 Meter. Und die mittlere Kuppenalb erhebt sich zumindest noch deutlich über 800 Meter. So gesehen ist der Bussen bei Uttenweiler im Kreis Biberach mit seinen 767 Metern ü. NN kein hoher Gipfel. Dafür kann kein Buckel weit und breit mit einer derartigen Alleinstellung aufwarten wie „der heilige Berg Oberschwabens". Zwischen Schwäbische Alb und Bussen schiebt sich hier, nahe Riedlingen, ohnedies das schon recht breite Donautal. Der Bussen ist Landmarke und Identifikationssymbol einer ganzen Region.

Man sieht ihn vom Ulmer Münster, und genauso erblickt man ihn schon von Weitem, wenn man sich von Süden her, aus den oberschwäbischen Moorlandschaften, nähert. Das eine hängt mit dem anderen mittelbar zusammen: Die Moore sind letztlich Relikte einer riesigen Gletscherlandschaft, die sich bis zur Donau bei Ulm erstreckte. Den Bussen aber schützte in der Eiszeit eine dicke Gesteinsschicht vor der Abtragung, die Gletschermassen konnten ihm nichts anhaben. Und so blieb er nach deren Zurückweichen in den Alpenraum als ziemlich einsame Erhebung erhalten.

Kein Wunder, dass sich an solch herausgehobener Stelle Spuren von keltischer und germanischer Besiedlung fanden. Eine Kultstätte war der Berg ganz offensichtlich seit jeher. Die Kelten brachten hier Fruchtbarkeitsopfer dar. Von einer ehemaligen mittelalterlichen Burg sind heute indes nur noch Reste zu sehen. Der einstige Bergfried an der Nordostseite dient als Aussichtsturm. Bereits im Jahr 805, es ist die Ära Karls des Großen, ist eine Kirche urkundlich erwähnt. Seither finden Wallfahrten statt. Der Hausberg Oberschwabens ist ein beliebtes Busreiseziel gläubiger Katholiken. Am Pfingstmontag findet alljährlich eine große Männer- und Familienwallfahrt statt. Weit reicht auch der Glaube zurück, man möge nur auf den Berg pilgern und um ein gesundes Kind beten, ein „Bussenkindle". Der Berg als Hort der Fruchtbarkeit.

➜ *www.uttenweiler.de.* **TIPP:** Westlich vom Bussen breitet sich die Flusslandschaft Donauwiesen aus (➜ *www.riedlingen.de*), ein Naturschutzgebiet mit seltenen Feuchtwiesen.

86 FEDERSEE BEI BAD BUCHAU

Letzter Zeuge des Alpengletschers

Die Szenerie wirkt ganz und gar unspektakulär: Ein Steg, am Ende von Bad Buchau, führt durchs Moor zur freien Wasserfläche des Federsees. Doch wer auch nur wenige Schritte zurückgelegt hat, kann sich der eigentümlichen Atmosphäre nicht entziehen. Lärm, Krach und Zivilisationsgeräusche weichen rasch zurück. Sie werden verschlungen vom leisen Flirren des Schilfs, vom gelegentlichen Glucksen des Wassers, das im Hochsommer unter beinahe undurchdringlichem Grün verschwunden ist. Dann breitet sich eine erhabene Stille aus, die lediglich vom Flügelschlag und den Tönen seltener Vögel durchbrochen wird. Zahllose Libellen in allen Größen schweben oder schießen lautlos durch die Luft. Der heute noch 1,4 km^2 große See, immerhin der drittgrößte in Baden-Württemberg, liegt in einer 33 km^2 großen Moorlandschaft, der größten im Südwesten. Ende des 18. Jahrhunderts war der See noch 11 km^2 groß. Menschliche Eingriffe zur Land- und Torfgewinnung ließen ihn rasch kleiner werden. Erst mehr als 100 Jahre später ließ man von der wenig lohnenswerten Landgewinnung wieder ab, entdeckte den zu schützenden Reiz einer einzigartigen Naturlandschaft. Weit mehr als 200 Vogelarten sind hier zu Hause.

Der Federsee ist – wie in anderer Weise auch der Bodensee – das Ergebnis eines nacheiszeitlichen Verlandungsprozesses. Die nördlichen Ausläufer der Alpengletscher schufen einen tiefen Trog, dessen Abfluss nach Süden durch Endmoränen abgeschnitten wurde. Abgestorbene Pflanzen sanken auf den Seegrund und erhöhten allmählich den Boden. Wie andere Moore rund um die Alpen auch ist der Federsee eine bedeutsame archäologische Fundstätte früherer Kulturen. Im feuchten Moor wurden Schätze konserviert: Kleider aus Basten und Leinen, Werkzeuge, Einbäume, frühe Räder, Bauhölzer und sogar Speisereste, die Aufschluss geben über das Leben in der Jungsteinzeit und in der Bronzezeit. Die Pfahlbauten am Feder- und am Bodensee sind seit 2011 von der UNESCO ausgezeichnete Welterbestätten, welche die Alpen und die ihnen nahe gelegenen Regionen in der Schweiz, in Oberitalien oder Österreich mit Baden-Württemberg verbinden.

➜ *www.nabu-federsee.de*, ➜ *www.bad-buchau.de*.
TIPP: Das Federsee-Museum informiert lebendig über die hier einst gelegenen prähistorischen Pfahlbauten und Moorsiedlungen ➜ *www.federseemuseum.de*.

87 STEINHAUSEN

Die schönste Dorfkirche der Welt

In- wie ausländische Touristen können ihre Blicke kaum lösen von diesem üppigen, poppig-bunten Bilderreigen an der Decke. Die „schönste Dorfkirche der Welt" geizt nicht mit optischen Reizen und skulpturalem Reichtum. Allein die Tierstukkaturen an den Wandübergängen zur Decke bringen Liebhaber in Verzückung: Ein Hirschkäfer findet sich neben Fantasievögeln, ein Kuckuck neben Elstern, Eichhörnchen und Grashüpfer.

Die Gemälde an der Decke erzählen von Paradies und Sündenfall, von den damals bekannten vier Erdteilen Europa (Reichsadler), Afrika (Elefant), Amerika (Krokodil) und Asien (Kamel) und natürlich vor allem aus dem Marienleben. Die Prämonstratenser, in deren Ägide die Wallfahrtskirche Unserer Lieben Frau und Pfarrkirche St. Peter Paul entstand, waren wie auch die Zisterzienser glühende Marienverehrer. Im Zentrum schwebt Maria mit erhobenen Händen in den Lichtkreis des Ewigen empor. Über ihrem Haupt der Sternenkranz, unter ihren Füßen der Mond, umgeben von Engeln und Heiligen: So versinnbildlicht sie als neue Eva das Volk Gottes der messianischen Zeit – die Kirche. Das Bauwerk erhebt sich eindrucksvoll über dem kleinen Dorf Steinhausen, einem Ortsteil von Bad Schussenried.

Schon von Weitem sind die Dimensionen erkennbar – und über die Jahrhunderte hinweg erhalten geblieben. Nur die vielen Sonnenkollektoren auf den Dächern offenbaren die neue Zeit. Weitab von heutigen Verkehrsachsen liegt die Barockkirche, von 1728 bis 1733 von Dominikus Zimmermann erbaut, am Oberschwäbischen Jakobsweg. Schon vor dem prachtvollen Bauwerk stand hier eine kleine Marienkirche. Schenkt man historischen Zeugnissen Glauben, kamen bis zu 20 000 Gläubige zu den Prozessionen. Bauherr Didacus Ströbele, ein Schussenrieder Abt, hat in seinem Tagebuch festgehalten: „Herr, ich habe den Ort geliebt, wo dein Tempel steht, die Stätte, in der deine Herrlichkeit wohnt." Für die herrliche Stätte musste die damals sagenhafte Summe von 43 271 Gulden aufgebracht werden. Ströbele selbst erlebte wegen eines Streits mit dem Orden die feierliche Kirchweihe nicht mehr.

ADRESSE: Dominikus-Zimmermann-Straße 2, 88427 Bad Schussenried, ➜ *www.bad-schussenried.de.* **TIPP:** Im Hauptort befindet sich das ehemalige Kloster Schussenried mit seinem prunkvollen Bibliothekssaal (➜ *www.kloster-schussenried.de*).

88 HYMER MUSEUM BAD WALDSEE

Schaufenster in die Sehnsüchte

Was die Deutschen am liebsten tun? Wie sie ihre Sehnsüchte erfüllen? Gewiss doch, sie reisen. Das Erwin-Hymer-Museum in Bad Waldsee ist eine Stätte, in welcher dieses kultische Handeln in seiner historischen Perspektive betrachtet und begutachtet und, wenn man über so viel Selbstironie verfügt, beschmunzelt werden kann.

Schon von Weitem grüßt das Gebäude, das wie ein riesiges, rot umrandetes Schaufenster wirkt. Oder eben wie ein überdimensionales Caravanfenster. Dargestellt wird die technische, mehr noch aber die kulturgeschichtliche Entwicklung des Reisens. Ein Alpenpass führt nach oben ins zweite Geschoss. Sinnbildlich steht er für die Fahrt ins Sehnsuchtsland Italien in der frühen Nachkriegs- und Wirtschaftswunder-Ära. Ältere Semester werden sich daran erinnern, dass seinerzeit schon mal der Motor heiß wurde und die ganze Familie schieben musste. Weitere Stationen sind die Wüste, Amerika oder Indien, das etwa in den 70er-Jahren des vorigen Jahrhunderts bei den Westdeutschen erstmals ganz hoch im Kurs stand. Eindrucksvoll dagegengesetzt wird der Einfallsreichtum der Ostdeutschen, die sich in ungewöhnlichen Gefährten fortbewegten und sich lange Zeit mit der Ostsee bescheiden mussten. Reisemobile, Wohnwägen in allen Formen und Farben, Zelte und allerhand Campingzubehör sind liebevoll arrangiert.

So erzählen die Exponate sinnlich und lehrreich zugleich von den Träumen der Deutschen, ihren Schwächen, ihren Zielen. Dass solch ein ungewöhnliches Museum ausgerechnet in der oberschwäbischen Provinz seine Heimat fand, ist eine typisch schwäbische Geschichte: Exakt hier in Bad Waldsee hat die Erfolgsstory der heutigen Hymer AG vor etlichen Jahrzehnten ihren Ausgang genommen. Heute zählt das Unternehmen zu den weltweit größten Herstellern von Caravans und Reisemobilen mit vielen bekannten Marken. Erstaunlich nur, dass inzwischen auch die Landschaft drum herum zu einem beliebten Ziel nicht nur von Reisemobilisten geworden ist. Stets strebten die Deutschen in die Ferne – nun entdecken sie auch das Nahe.

ADRESSE: Robert-Bosch-Str. 7, 88339 Bad Waldsee, → *www.erwin-hymer-museum.de*. **TIPP:** Die historische Altstadt mit dem imposanten Rathaus von Bad Waldsee ist ein absolutes Muss.

89 WEINGARTEN

Der Blutstropfen von Sankt Peter

Im zentralen Altar der Stiftskirche der ehemaligen Reichsabtei, ein wenig kitschig aus Stuckmarmor geformt, liegt sie, eingefasst in ein Kreuz, umgeben von blinkenden Steinen, Gold und Purpur: die Heilig-Blut-Reliquie von Weingarten. Einmal im Jahr wird sie herausgenommen aus dem Altar und der Basilika, um Mittelpunkt eines faszinierenden Schauspiels zu werden: Bis zu 3000 Reiter, festlich gekleidet in Frack und Zylinder, die Pferde prächtig und farbenfroh geschmückt, begeben sich auf die wohl größte derartige Prozession in Europa. Die Basilika Sankt Martin und Oswald, ein gewaltiges Gotteshaus, das zugleich als Grablege der Welfen dient, entstand in ihrer heutigen Form erst in der Barockzeit. Doch die Reliquie, einige Tropfen von Jesu Blut sollen es sein, wird in Weingarten seit 950 Jahren aufbewahrt.

Legende oder nicht – wie der Erdklumpen mit dem Blut Christi seinen Weg ins Oberschwäbische gefunden hat, gleicht einem Kriminalroman. So heißt es, ein römischer Legionär habe mit der Lanze dem bereits verschiedenen Jesus in die Seite gestoßen, um dessen Tod sicher festzustellen. Von einigen Tropfen Blutes sei er dann erleuchtet worden. Er nahm die Erde Golgathas, die sich mit dem Blut vermischt hatte, mit – und wurde zu einem überzeugten Christen. Auf gewundenen Pfaden gelangte er von Jerusalem nach Mantua in Oberitalien, so die Legende, und etliche Jahre später in die oberschwäbische Provinz. Zwischenzeitliche Besitzer waren etwa Kaiser Heinrich III. oder Graf Balduin V. von Flandern. Der wiederum schenkte die Reliquie seiner Tochter Judith, die mit Welf IV., Herzog von Bayern, verheiratet war. Als dieser sich auf einen Kreuzzug begab, übergab Judith die Blutreliquie dem Kloster Weingarten, der wichtigsten Stiftung der Welfen und deren Mausoleum. So ungewöhnlich wie diese verschlungene Geschichte und auch der Blutritt als jahrhundertealtes Ritual sind, so überraschend ist die Kirche in der süddeutschen Provinz. Das Schwäbische Sankt Peter ist ziemlich exakt halb so groß wie Michelangelos Prachtbau in Rom und damit größtes barockes Kirchenbauwerk nördlich der Alpen.

ADRESSE: Kirchplatz, 88250 Weingarten. **TIPP:** Einmal dabei sein – der Blutritt findet jedes Jahr einen Tag nach Christi Himmelfahrt statt (➜ *www.weingarten-online.de*).

90 RAVENSBURG

Die Stadt der Türme

Von hier oben kann man alles sehen. Die überragende Bedeutung der Stadt im Mittelalter wie auch ihre kaum zu übertreffende Attraktivität in der Gegenwart. Der 51 Meter hohe Blaserturm mit seinen grünen Helmen, Wahrzeichen der Stadt, eröffnet den Blick auf mehr als ein Dutzend weiterer Türme, die vom Glauben, vom Stolz wie auch von der Stärke und Wehrhaftigkeit der Stadt erzählen.

Ravensburg war schon bedeutende Welfen- wie auch Stauferstadt gewesen – so soll von hier der letzte Staufer Konradin zu seinem verhängnisvollen Italienzug aufgebrochen sein –, als sie zur führenden deutschen Handelsmetropole emporstieg. Die damalige Große Ravensburger Handelsgesellschaft hatte Niederlassungen in ganz Europa. Das schwäbische Adelsgeschlecht der Humpis (auch Hundbiß), hervorgegangen aus welfischen Dienstmannen, handelte – noch vor den Fuggern – im großen Stil von Spanien bis Polen und von Italien bis in die Niederlande mit Stoffen, Tüchern, Gewürzen und Spezereien. Eine stürmische Entwicklung nahm die Stadt vor allem im 14. Jahrhundert. Auch davon berichtet der Blaserturm, denn bis 1365 war er noch Teil der Stadtbefestigung. Hernach entstand, auf dem zugeschütteten einstigen Stadtgraben, der Marienplatz mit seiner heute geradezu mediterranen Anmutung. Durch die Erweiterung um die sogenannte Unterstadt rückte der randständige Turm in die Mitte. Von nun an diente er als zentraler Wach-, Feuer- und Spähposten.

In der ersten Hälfte des 15. Jahrhunderts vollzog sich der Niedergang der vormals so mächtigen Ravensburger Händler: Die meisten waren reich und satt geworden, hatten sich mit Ländereien und Gütern eingedeckt. Es kam zu Zwist und Streit nach Dallas- und Denver-Manier, was andere Gesellschaften wie eben die Fugger für sich zu nutzen wussten. Jahrhundertelang fristete das Mittelzentrum ein eher beschauliches Dasein am Rande. Ihre Lage nahe am Bodensee und den Alpen und das reiche historische Erbe, die malerischen Plätze, Gassen und Bauwerke auf der einen Seite sowie die erstaunliche ökonomische Potenz auf der anderen Seite machen die Stadt heute wieder so anziehend.

→ *www.ravensburg.de.* **TIPP:** Mit Kindern ins Ravensburger Spieleland in Meckenbeuren / Liebenau (→ *www.ravensburger.de*, → *www.spieleland.de*).

91 SCHWARZER GRAT

Ein Zipfel Alpen im Allgäu

Er ist Baden-Württembergs alpinster Fleck. Und er war der höchste Berg im ehemaligen Königreich Württemberg: der Schwarze Grat bei Isny. 1118 Meter hoch ist der Gipfel im äußersten Südosten des Landes, im Kreis Ravensburg gelegen. Nur im Nordschwarzwald nahe Baiersbronn ragt Württemberg noch ein paar Meter höher empor, jedoch nicht mit einem die Umgebung überragenden Gipfel.

Die letzten Meter, von Süden oder von Westen aus erklommen, steigen steil an. Der Steig führt zuerst über Almen, dann durch den Wald, schließlich taucht eine Lichtung auf mit dem dunklen Holzturm in der Mitte. Nicht immer war die Adelegg, der nördlichste Ausläufer der Allgäuer Berge, so stark bewaldet wie heute. Erst von der Plattform des 28 Meter hohen Aussichtsturmes aus eröffnet sich daher der Blick auf die nahe Nagelfluhkette und die Alpen. Im Westen, Norden und Osten wellt sich die teils offene, teils bewaldete Voralpenlandschaft.

Der dichte Bewuchs der Adelegg verdeckt die Schroffheit dieser ziemlich jungen Landschaft, die erst vor etwas mehr als 10 000 Jahren geformt wurde: Weit ins württembergische Allgäu hinein und nach Oberschwaben erstreckten sich in der letzten Eiszeit die Gletscher. Davon übrig geblieben sind der Bodensee im Westen, die Moore im Nordwesten und die Eistobelschlucht samt tiefen Strudellöchern. Auch gewaltige Gesteinsblöcke und rauschende Gebirgsbäche prägen die Landschaft rund um die Adelegg und deren höchsten Gipfel auf westlicher Seite, den Schwarzen Grat. In den Hochlagen breiteten sich einst noch weitläufigere Almen und Weiden aus, welche im Winter wiederum Skifahrer anlockten. Hier wurde vor mehr als hundert Jahren der erste württembergische Schneeschuh-Wanderverein gegründet. Inzwischen ist die Adelegg ein Schutzraum selten gewordener Waldvögel. Die letzten Bergbauern sind Anfang der 70er-Jahre des vorigen Jahrhunderts ins Tal gezogen.

→ *www.isny.de.* **TIPP:** Das Naturschutzgebiet Eistobel überrascht mit Wasserfällen, Strudellöchern und gewaltigen Felswänden, die Stadt Isny selbst mit mittelalterlichem Gepräge.

92 LANGENARGEN

Golden Gate an der Argen

Dass an diesem Ort im Bodenseehinterland Geschichte geschrieben wurde, ist kaum zu glauben. Doch die Kabelhängebrücke, die über das kleine, mäandernde Flüsschen Argen führt, war Vorbild für die gewaltige Golden Gate Bridge in San Francisco.

Unter König Wilhelm II. bekam der Konstrukteur Karl von Leibbrand den Auftrag, eine Hängebrücke zu entwerfen und zu erstellen. Die Baupläne der 1897 errichteten Brücke wurden auf der Weltausstellung in Paris (1900) ausgestellt. An der Argen zwischen den Gemeinden Kressbronn und Langenargen ist die Konstruktionsweise en miniature zu besichtigen: Die Spannweite beträgt gerade 72 Meter, die Kabelstränge sind 130 Meter lang und werden durch zwei hohe, aufwendig gestaltete Pylonen an den Brückenenden geführt. Ähnlich erbaut wurde Deutschlands zweitälteste Hängebrücke, die Tiergartenbrücke in Berlin. Und, eben, die Golden Gate Bridge mit ihrer Hauptstützweite von 1280 Meter und den 227 Meter hohen Ständern – allerdings 40 Jahre später. Und während sich die große Schwester in Kalifornien kaum vor Verehrern retten kann, die manchmal tagelang darauf warten, dass sich die Nebel in der Bay lichten und der Blick frei wird auf die gigantischen Kabelstränge, geriet die kleine Musterbrücke am Bodensee etwas in Vergessenheit.

1982 kam sie als „Kulturdenkmal von besonderer Bedeutung" ins Denkmalbuch. Bereits Ende der 60er-Jahre wurde das historische Bauwerk für Motor-Gefährte gesperrt. Das macht das Erleben noch intensiver. Mit dem Rad oder zu Fuß ist diese kleine Attraktion bestens zu erreichen – vom Naturschutzgebiet Eriskircher Ried und von Schloss Montfort in Langenargen kommend, das direkt am Bodenseeufer auf einem Sporn steht und in seinem maurischen Stil verwunschen wirkt. Oder auch von Kressbronn aus, flussaufwärts an der Argen entlang. Unweigerlich stößt man auf diese Kabelhängebrücke und wird ein wenig stutzen: das kenn' ich doch! Die heutigen Brücken sind freilich nicht mit Pfeilern aus Stahlbeton gestaltet wie die über der Argen, sondern aus gewaltigen Stahlstelen. Gegen dicke Nebelschwaden hat die Kleine aus Langenargen selten zu kämpfen.

ADRESSE: 88085 Langenargen, → *www.langenargen.de.* **TIPP:** Brücke einbauen in eine Radtour immer an der Argen entlang ins Bodensee-Hinterland.

93 DORNIER MUSEUM FRIEDRICHSHAFEN

Fluggeräte für Freaks

Die moderne, einem Hangar nachempfundene, Funktion und Form vereinende Architektur am Flughafen passt ideal zum Inhalt des Gebäudes: Das Dornier Museum in Friedrichshafen zeigt technische Pionierleistungen des Konstrukteurs Claude Dornier und des gleichnamigen Unternehmens. Im Unterschied zu manch anderer Industrie-Ausstellung kommen nicht nur die Technik-Freaks auf ihre Kosten. Das Museum blendet nichts aus, auch nicht die dunklen Kapitel, als sich die Dornier-Werke in den Dienst der Hitler-Diktatur stellten.

Noch immer werden in Friedrichshafen und Umgebung Satelliten, Sonden, Lenkflugkörper oder elektronische Aufklärungssysteme entwickelt, die zivile wie militärische Anwendung finden. Die Stadt am Bodensee ist wichtiger Standort von EADS, Europas größtem Luft- und Raumfahrtkonzern. Die Historie ist verzwickt und verwirrend. EADS ging zum Teil aus der DASA hervor, die DASA wiederum gehörte einst zum Imperium von Daimler-Benz. Das Automobilunternehmen hatte in den 80er-Jahren Dornier übernommen – eine Wegmarke mit dem Ziel des integrierten Technologiekonzerns. Die Dornier-Werke gingen ihrerseits aus dem Unternehmen des Grafen Zeppelin in Friedrichshafen hervor, dessen Mitarbeiter Claude Dornier vom Jahr 1910 an war. An den Luftschiff-Erbauer erinnert das nicht minder sehenswerte Zeppelin-Museum direkt am Hafen.

Dornier steht in der Luftfahrt für ziemlich randständige, höchst ungewöhnliche und zugleich spektakuläre Entwicklungen, in welche das Museum besten Einblick gibt: Flugboote, Senkrechtstarter oder etwa auch Drohnen. Mit kaum einem anderen Namen aber verbinden sich die Riesen, die auf Wasser starten und landen konnten, so sehr wie mit der Firma Dornier. Legendär: der Flug der Do X bis New York. Die Ära dieser Fluggeräte, die eine Zeit lang vor allem in der Dritten Welt nützliche Dienste versahen, scheint indes vorbei zu sein. Anders verhält es sich mit den Drohnen. Sie sind Alleskönner: Instrumente der Aufklärung, freilich auch Waffen, um gezielt Gegner auszuschalten und zu töten.

ADRESSE: Claude-Dornier-Platz 1 (am Flughafen), 88046 Friedrichshafen, → *www.dorniermuseum.de.* **TIPP:** Einen Abstecher machen auf den Gehrenberg bei Markdorf – sensationelle Aussicht vom Turm!

94 IMPERIA IN KONSTANZ

Eine Hure als Wahrzeichen

Dem Sog dieser Dame kann sich keiner entziehen. Hoch und stolz steht sie am Ende der Mole im Konstanzer Hafen, das Kinn gereckt, das Kleid geschlitzt: die Imperia. Sie trägt zwei Zwerge in den Händen wie eine Serviererin, die einem – zugegeben groß gewachsenen – Besucher Häppchen anbietet. Kommt man vom Konzilgebäude her, sieht man zuerst den klein wirkenden Graf Zeppelin mit seinen Flügeln auf einer etwas verwitterten Stele, dann SIE, mit etwas Glück, im Sonnenschein, davor vielleicht ein weiß gleißendes Schiff, dahinter das Blau von Wasser und Himmel.

Das beeindruckt See-Besucher, auch wenn die Imperia schon seit Jahren viele Tourismus-Prospekte ziert. Auch im Winter ist sie attraktiv, wenn sich die majestätische Silhouette vom Grau-Blau der Umgebung kaum merklich abhebt. Oder vom Boot aus, wenn sie Gäste wie die Freiheitsstatue empfängt. Ob man unter ihr steht und staunend auf die gewaltigen Brüste blickt oder ob man sie aus weiterer Entfernung fixiert – immer und aus allen Blickwinkeln versprüht diese sich drehende Imperia ihre Reize. Der Bodmaner Bildhauer Peter Lenk hat sie aus Gussbeton geschaffen als kurvenreiches Abbild seiner Frau Bettina. Das war 1993.

In einer Nacht-und-Nebel-Aktion musste die 18 Tonnen schwere Statue aufgebaut werden, weil einige Bürger der Stadt ihr Problem damit hatten. Dabei ist es gerade die ironische Bearbeitung der Konstanzer Geschichte als Konzilstadt, die besticht. Vor 500 Jahren tagten Päpste, Könige und Kaiser vier Jahre lang am Bodensee und ließen es sich dabei gut gehen mit Speis, Wein und Hübschlerinnen, wie die Prostituierten damals hießen. Die Imperia ist das Denkmal dazu. Aber eben nicht nur: Sie passt als Skulptur an diese herausgehobene Stelle an der Molenspitze, wo früher, wie vielerorts, nur ein schnödes Türmchen stand.

Zum Glück, denkt man beim Besuch, haben sich die Bedenkenträger oder auch die Bigotten nicht durchgesetzt in Konstanz. Denn die Imperia ist alles: Geschichtsfigur, lasziv-lockende Gestalt und einmaliges Aushängeschild, Wahrzeichen. Mag Peter Lenk noch so viele Brunnen und Plätze rund um den See bestückt haben – in Konstanz steht das Meisterwerk.

ADRESSE: Hafenstraße, 78462 Konstanz, ➜ *www.konstanz-tourismus.de*. **TIPP:** Wer nicht mit dem Schiff kommt: Tretboot mieten.

95 FREIBAD HÖRNLE IN KONSTANZ

Baden vorm Bauch des Bodensees

Freibäder und Badestellen gibt es unzählige am Bodensee. Kleine Buchten, solche mit einem Thermalbad, mit Rutschen und ohne. Das Hörnle am Landzipfel in Konstanz aber ist als Naturbad etwas Besonderes. Wer im Hochsommer einen Liegeplatz ziemlich vorne am DLRG-Häuschen ergattert, liegt mitten im Dreiländereck.

Nicht wirklich, aber gefühlt. Rechter Hand am anderen Ufer breiten sich die Schweizer Gemeinden aus, die Fontäne im Kreuzlinger Hafen speit ihr Wasser in die Höhe, auch manche Bausünde ist zu begutachten. Weit dahinter sind die österreichischen und Schweizer Bergzüge auszumachen, der Säntis etwa und das Montafon. Und davor kreuzen Boote aller Art, von der Jolle bis zu Ausflugsschiffen mit unterschiedlichster Beflaggung. Hier müssen alle vorbei. Da ist richtig was los. Blickt man in die andere Richtung, zum Überlinger See, sieht man die Klosterkirche Birnau über dem Ufer thronen, die Fähren kreuzen nach Meersburg, wo die Weinreben die Hänge strukturieren.

Und hinter allem öffnet sich der Obersee, der große Bauch des Bodensees. Man spürt an dieser exponierten Badestelle am Horn von Konstanz Weite und Geborgenheit gleichermaßen. Das Konstanzer Hörnle hat auch richtig viel Platz. 52 000 Quadratmeter und 600 Meter Uferlänge. Viele große Bäume säumen diesen Volkspark am Wasser, spenden Schatten. Und fast überall kann man sich dem Spieltrieb hingeben: Ringtennis, Federball, Beachvolleyball.

Auch deshalb wird das Freibad Horn für viele Jugendliche im Sommer zum Wohnzimmer. Aber eigentlich gehen alle ans Hörnle: der Politiker, der sich dort der Illusion von Urlaub hingibt, obwohl er ständig am Handy hängt, Familien mit allerhand Spielgerät, Studenten mit Lesezeug im Gepäck und dunkel gegerbte Frauen und Männer, die seit 50 Jahren ihrem Hörnle mit Klappliegen und Kühlbox die eiserne Treue halten. Es ist kein exklusiver Ort, aber ein extraordinärer. Als die Stadt Eintrittsgeld nehmen wollte, schwoll die Empörung an wie das Bodenseewasser, wenn 20 Schiffe gleichzeitig am Hörnle vorbeigefahren wären. Der Eintritt blieb frei.

ADRESSE: Eichhornstraße 100, 78464 Konstanz, ➜ *www.hoernle-konstanz.de*, ➜ *www.konstanz-tourismus.de*. **TIPP:** Mit Bus oder Rad kommen. Lohnenswert: ein langer Spaziergang entlang der Seepromenade über die Rheinbrücke.

96 INSEL MAINAU UND IHR ARBORETUM

Insel der Seligkeit

Die Mainau, denkt man: voller Parkplatz, Dahlienschau, Rosenmeer, Souvenirs, Biergarten, ein Schloss mit echter Grafen-Familie, den Bernadottes. Und sobald die Sonne rauskommt: Rummel. Die Blumeninsel Mainau ist aber auch eine Schöne mit versteckten Reizen. Der innigste Platz auf ihr ist eine kleine Insel wohliger Einsamkeit: das Arboretum. 1853 gab Großherzog Friedrich I. seiner Vorliebe für seltene Gehölze nach, es war auch Mode in dieser Zeit. Sein Hofgärtner Ludwig Eberling verrichtete die Feinarbeit, er wohnte im Hofgärtnerturm in Sichtweite.

Die ersten Mitbringsel aus aller Welt haben sich längst ausgewachsen zu einem beachtlichen Park. Mammutbäume und Küstenrotholz stehen dort, Atlas-, Himalaya-, Libanon- und Weihrauchzedern, ein Taschentuchbaum, gigantische Magnolien und Scheinzypressen-Arten, Riesenlebensbäume oder die Kalifornische Dufteibe – gerade so wie in den Nationalparks Nordamerikas. Nur eben nicht so viele. Und ganz bestimmt sind sie auch nicht so hoch. Das Mainau-Arboretum ist eine eher kleine Insel der Seligkeit inmitten des Trubels. Denn die meisten kommen ja wegen der Palmen und der Zitruspflanzen, die Familien wegen des Spielplatzes und der gefräßigen Ziegen, und mancher auch nur, weil die Mainau von der anderen Seeseite aus ein lohnendes Bootsziel ist.

Das Arboretum auf der Höhe bleibt etwas Einzigartiges. Nur wenige verirren sich hierher. Besonders in den Randzeiten der Saison, im Herbst oder im Winter, wenn die Insel ohnehin bezaubernd verwunschen wirkt, versammeln sich im Arboretum die rund 500 Baumriesen und 250 Arten zu einem gewaltigen Dach, das Schutz bietet und noch erhabener wirkt als in der warmen Jahreszeit. Man kann die schroffen rötlich-braunen Borken betrachten oder beobachten, wie die großen Nadeln den Wurzeln ein weiches Bett bereitet haben. Man kann sich auf eine Bank an der Viktoria-Linde setzen, die der Großherzog 1862 für seine erste Tochter gepflanzt hat. Oder man kann unter den Riesen über die menschliche Winzigkeit sinnieren.

ADRESSE: 78465 Konstanz-Insel Mainau, ➜ *www.mainau.de/arboretum.html.* **TIPP:** Unbedingt mal im Winter kommen, nach dem Spaziergang ins Palmenhaus-Café.

97 KUGELN ÜBER ÜBERLINGEN

Eine zersprungene Perlenkette

Die silbernen Kugeln reichen Passanten bis zur Hüfte. Sie liegen, teils verbunden durch ein gedrehtes Stahlseil, da wie eine Perlenkette: groß, mächtig, aber irgendwie auch, als würden sie diese putzige Landschaft dekorieren wollen. Indem sie schillern in der Sonne, indem sie wetteifern mit den Spiegelungen des entfernt aufscheinenden Wassers vom Bodensee, indem sie schimmern und glänzen, wo mit einem Mal so viel Dunkelheit war.

Der Überlinger Ortsteil Brachenreuthe ist ein idyllischer Ort im Hinterland, der sich zum See hin neigt, und doch auch einer, an dem man erschauert. Am 1. Juli 2002, mitten in der Nacht, starben durch die Kollision eines DHL-Frachtflugzeugs mit einer russischen Linienmaschine alle 71 Insassen der beiden Flugzeuge. 54 von ihnen waren Kinder, die meisten 14 oder 15 Jahre alt.

In Brachenreuthe bot sich ein grausames Bild: Das Fahrwerk lag neben einem Einfamilienhaus, Triebwerke ragten am Waldrand auf, Wrackstücke auf Feldwegen und Streuobst-Wiesen. Vor allem aber fanden sich Körperteile überall in den Feldern, Äckern, Waldstücken und Obstanlagen. Wenn man bei den Silberkugeln steht, gibt es keinen Raum für voyeuristische Rückschau. An einer Stelle springt der Draht auf, ist die Perlenkette zerrissen. Die von der Künstlerin Andrea Zaumseil entworfene Stahlplastik ist keine plumpe Metapher, sie geht nahe. So liebevoll der Gedenkort mit Buchs und Rabatten gestaltet sein mag, so zwingend die Auflistung aller Namen der Toten. Es ist diese aufplatzende, ruhig daliegende Perlenkette, die einen zurückwirft aufs Wesentliche, auf die Möglichkeit des Todes im Leben. Teilweise liegen Stahlperlen aufgereiht in einer eher schattigen Waldschneise, teils liegen sie frei und unverbunden, als hätten sie sich vom Seil gelöst. Hinter dem Waldstück Richtung Owingen ist eine einzelne Kugel gesetzt, eine weitere liegt 15 Kilometer entfernt bei Taisersdorf. Unwillkürlich schaut man in den Himmel. Noch immer fliegen die Flugzeuge hoch oben. Und man denkt, wie die Künstlerin, als sie die 90 bis 150 Zentimeter dicken Stahlperlen entwarf, an das Luther-Gedicht: „Mitten im Leben sind wir mit dem Tod umfangen."

ADRESSE: 88662 Überlingen-Brachenreuthe, ➜ *www.bruecke-nach-ufa.de*. **TIPP:** Unten am Überlinger Hafen steht ein Lenk-Brunnen mit Martin Walser als Bodenseereiter, lohnenswert auch die Therme.

98 REICHENAU

Spalier fürs Weltkulturerbe

Die Insel Reichenau, größte der drei Bodenseeinseln, ist Weltkulturerbe. Viele Jahre bemühte sich das nur 430 Hektar große Eiland im Untersee um diesen Status. Im Jahr 2000 war es soweit. Die UNESCO-Auszeichnung galt der großen Klosteranlage aus dem Mittelalter.

Die bestens erhaltenen Wandmalereien und die prächtige Bibliothek künden davon, dass dieses Inselchen zur karolingischen Zeit, also vor weit mehr als 1000 Jahren, ein künstlerisches, politisches wie geistliches Zentrum der Region war. Steinerne Zeugen sind die frühere Klosterkirche St. Maria und Markus mit ihrer dreischiffigen Basilika in Mittelzell, St. Georg in Oberzell und St. Peter in Niederzell – in jedem Ortsteil ein stattliches Gotteshaus. Deren Anlagen, Kirchen, Türme und Mauern prägen die Reichenau heute wie das überall angebaute Gemüse, das längst zum Markenzeichen wurde und durch Herkunftszeichen geschützt ist.

Eine mindestens ebenso große Attraktion aber ist die Allee, die vom Festland auf die Insel Reichenau führt: eine 1,3 Kilometer lange Reihe akkurat gepflockter Pappeln. An ihnen vorbei lässt es sich herrlich radeln oder spazieren. Die Bäume stehen auf einem erst 1863 errichteten Damm, der sich an manchen Stellen nur wenige Zentimeter über die Wasserfläche des Gnadensees erhebt und häufig gesäumt wird von großen Schilfgruppen. Es geht vorbei an der Burgruine Schopflen, die irgendwann einmal auf einer Untiefe im Wasser gestanden haben muss. Nur der „Bruckgraben" unterbricht den Damm auf einigen Metern, damit kleinere Boote queren können. Dort steht ein Standbild des heiligen Pirmin, der einst das Benediktinerkloster begründete.

An dieser kleinen, schmalen Stelle kann man im Winter die Schlittschuhe schnüren, um aufs Eis und hinüber nach Allensbach auf einen Glühwein zu gelangen – wenn's kalt genug ist. Im Sommer kann man durchpaddeln in Richtung Schweiz oder um die 4,5 Kilometer lange und 1,5 Kilometer schmale Insel zu umrunden. Und wenn man heimkehrt aufs Festland, bilden die Pappeln noch einmal ihr ehrenvolles Spalier zum Abschied von der Klosterinsel.

ADRESSE: 78479 Reichenau, ➜ *www.reichenau.de*. **TIPP:** Frische Salate im Gewächshaus „Salatstube“ oder Bodenseefisch beim „Kiosk“ der Fischerei Riebel am Radweg.

99 FRIEDHOF HORN AUF DER HÖRI

Pfarrer möcht' ich hier sein

Wenn Orte einmal als Geheimtipps gehandelt werden, verblasst ihre Aura zumeist. Das hätte auch dem Friedhof von Horn auf der Höri passieren können. Großherzog Friedrich von Baden I. soll einmal, als er dort stand, den Spruch getätigt haben: „Wenn ich nicht Großherzog von Baden wäre, möchte ich Pfarrer von Horn sein." Später tauchte dieser Ort in manchem Fragebogen auf, in dem nach dem persönlich schönsten Ort gefragt wurde.

Sei's drum, der Friedhof in Horn hat seinen geheimnisvollen Charme behalten. Es gibt dort keine Würstchenbude, keinen Kiosk. Man kann sich als Aussichtstourist wie eh und je auf die teils angemooste Mauer setzen hinter die Grabsteine. Sie sind keineswegs nur alt und bröseln vor sich hin wie in manchem Friedhof. Der Horner Pfarrfriedhof ist, wenn man so will, ein lebendiger Ort. Die Gemeinde hat nur etwas mehr als 3000 Einwohner, aber auch Menschen von außerhalb wünschen sich diesen Platz als ihren letzten. Da die spätgotische Kirche genau an der Spitze der Halbinsel Höri steht, hat man einen wunderbar weiten Blick über die Silhouette von Konstanz und den oberen Teil des Bodensees bis weit hinten zu den Alpenwipfeln und auf die andere Seite über den Untersee mit Radolfzell am Ende. Dazwischen liegen Streuobstbäume – und der gut frequentierte Radweg.

Bei klarem Wetter kann man sogar das Konstanzer Münster ausmachen. Wer etwas Zeit mitbringt, läuft den geschlängelten Weg hinunter an den See, vorbei an Wiesen und kleiner Bebauung bis zum einstigen Schloss Hornstaad, das heute „Seerestaurant Schlössli" heißt. Man kann dort Tretboot fahren, die Füße ins Wasser stecken. Man kann auch den Schlenker zum Hermann-Hesse-Haus erwandern, weil der Weiler Horn zur Gemeinde Gaienhofen gehört, wo der Dichter ein paar Schaffensjahre verbrachte. Aber man kann auch einfach verweilen und warten, ob sich eine Hochzeitsgesellschaft nähert oder der Pfarrer vorbeikommt, um zum Gottesdienst zu läuten. Denn das gibt es an diesem liebenswürdigen Fleck ja auch noch, die aktive Kirche St. Johann und St. Veit.

ADRESSE: 78343 Horn, ➜ *www.gaienhofen.de/horn.*
TIPP: Das Hesse-Höri-Museum in Gaienhofen zeigt Dichter-Zeugnisse und Jungsteinzeit-Funde. Sehenswert auch das Otto-Dix-Haus in Hemmenhofen mit Wandmalereien des Künstlers.

100 BÜSINGEN

Eingekapselt in der Schweiz

Deutsche Insel in der Schweiz, Hochzeitsparadies, einzige Exklave, zwei Postleitzahlen, zwei Telefonnummern – hier darf man sich die Augen reiben. Die Gemeinde Büsingen am Hochrhein war lange Zeit österreichisch, gehörte zu Württemberg, dann zu Baden und ist heute deutsches Staatsgebiet, komplett umschlossen von der Schweiz, in direkter Nachbarschaft zur Kantonshauptstadt Schaffhausen, am Rhein zudem grenzend an die Kantone Thurgau und Zürich.

Von Schaffhausen kann man grenzenlos nach Deutschland einreisen und über Randegg ebenso grenzenlos ausreisen. Aber Obacht: Die Behörden kennen die Tricks und Pfade. Die Gemeinde selbst sieht kaum anders aus als ihre Nachbarkommunen: Bausünden neben historischen Häusern, ein schickes Hotel mit eleganter Patina samt Kastaniengarten am Ufer (schweizerisch vermarktet), ein Strandbad am sensationell sauberen Rheinknie, wo zahlreiche Boote gemütlich gondeln, eine Schiffsländi (!), sprich: Anlegeplatz. Sonst herrscht der Eindruck liebenswerter Provinz vor. In manchen Gärten gehisste Schweizer Flaggen zeugen entweder von der patriotischen Neigung des Besitzers oder davon, dass Schweizer Bürger ganz legal deutschen Grundbesitz erworben haben. Der Ort ist ein Kuriosum mit gar vielen Facetten: Der Fußballclub FC Büsingen ist Mitglied im Schweizerischen Fußballverband. Das Dorf mit Kfz-Kennzeichen: BÜS. Die Kfz-Steuern werden ans Finanzamt Singen bezahlt. Maßgeblich allerdings ist die Steuertabelle des Kantons Schaffhausen. Die Schaffhauser Polizei darf in Büsingen zwar verhaften, mehr als zehn Ordnungshüter dürfen sich aber nicht gleichzeitig im Ort aufhalten. Deutsche Polizisten wiederum können sich uniformiert auf bestimmten Routen bewegen, doch keine Amtshandlungen vornehmen.

Gern geheiratet wird hier freilich nicht allein wegen all dieser Kuriositäten, sondern auch, weil ein paar hundert Meter oberhalb von Büsingen ein Kleinod steht, die von einer Ringmauer umgebene Bergkirche aus dem 11. Jahrhundert. Heute ist es ein schrilles Pärchen aus London, das sich an dem ganz und gar ungewöhnlichen Ort das Ja-Wort gibt.

ADRESSE: D-78266 Büsingen/CH-8238 Büsingen, → *www.buesingen.de*, → *www.buesingen.ch*. **TIPP:** Der „Exklavenweg" gibt in 2 Stunden sämtliche Antworten auf Fragen zum Sonderstatus der Gemeinde.

101 HOHENTWIEL

Bizarrer Vulkanschlot über Singen

Die Schritte werden immer schwerer, der Untergrund ist glatt, und der Berg selbst scheint immer steiler, unerbittlicher zu werden. Kein Wunder, dass sich viele Belagerer die Köpfe einrannten und unverrichteter Dinge wieder abzogen.

Wer den Hohentwiel hinaufsteigt, glaubt sich in einer trügerischen Inszenierung wiederzufinden. Von unten sah er doch noch recht harmlos aus. Doch der bizarre Vulkanschlot über Singen kann mit so manchem Superlativ aufwarten: so mit der größten Festungsruine Deutschlands, deren wuchtige Mauern ein Areal von immerhin neun Hektar umfassen. Oder aber mit einem weithin einzigartigen Gestein, Phonolith und Deckentuff, und daher auch einer ungewöhnlichen Vegetation. Auf Trockenrasen und nacktem Fels wachsen und gedeihen seltene Pflanzen, Steppenkräuter darunter.

Und am Südhang schließlich breiten sich Deutschlands höchstgelegene Weinreben aus: auf dem Olgaberg, der bis auf 530 Meter reicht, und auf dem Elisabethenberg, auf dem die Reben sogar bis auf die Höhe von 562 Metern klettern. Nach inzwischen bestätigter Expertise württembergischer Weingärtner werden die höchsten badischen Trauben damit gut dreißig Meter höher geerntet. Kuriose Volte der Geschichte: Erst 1969 kam der Hohentwiel zum (badischen) Singen. Zuvor war er knapp 450 Jahre lang württembergisch, zuletzt nach dem Zweiten Weltkrieg als zu Tuttlingen gehörende Exklave.

Auch die touristische Historie des Berges ist rekordverdächtig: Kaum war die gewaltige Burg unter Napoleon geschleift worden, entwickelten sich die Ruinen bereits Anfang des 19. Jahrhunderts zu einer Attraktion für Gäste von nah und fern. Für den mühseligen Aufstieg auf den 686 Meter hohen Vulkanfelsen wird man denn auch mit einem phänomenalen Ausblick entlohnt – auf die Industriestadt Singen und die Autobahn A 81, die teilweise unterm Berg hindurchführt und wenige Kilometer entfernt vor der Schweizer Grenze endet, auf den Bodensee, die nahen Schweizer Alpen und nicht zuletzt auf die anderen bizarren Vulkanschlote des Hegaus.

ADRESSE: 78224 Singen, ➜ *www.festungsruine-hohentwiel.de.*
TIPP: Nicht verdrießen lassen durch den steilen Anstieg, man wird belohnt durch den Ausblick und eine Burganlage mit Abenteuerspielplatzqualität (schwierig mit Kinderwagen!).

Bildnachweis

S. 17: *dpa picture-alliance, Bildagentur Huber;* 19: *dpa picture-alliance, Fotoagentur Kunz;* 21 o.: *Stadtinfo Schwetzingen;* 21 u.: *Immanuel Giel;* 23: *Heidelberg Marketing;* 25: *Marcel Diemer;* 27o.: *Dr. Adolf Suchy, Wiesloch;* 27 u.: *Pressefoto Helmut Pfeifer, Wiesloch;* 29: *dpa picture-alliance, Frankfurt/M.; 31 o.: dpa picture-alliance, Bildarchiv Monheim;* 31 u.: *Landesmedienzentrum Baden-Württemberg;* 33 o.: *Karlsruhe Tourismus/J. Rösner;* 33 u.: *Karlsruhe Tourismus/Ch. Düpper;* 35: *Karlsruhe Tourismus;* 37 o.: *Bundesarchiv Rastatt;* 37 u.: *AMEA Design & More, Rastatt;* 39: *Marcel Diemer;* 41: *Henning Kreitel;* 43: *Henning Kreitel;* 45: *picture-alliance;* 47: *Elmar Gaiser;* 49: *Tourismus Marketing Durbach;* 51 o.: *Gengenbach Kultur und Tourismus-GmbH, Foto Pohl;* 51 u.: *Gengenbach Kultur und Tourismus-GmbH, Foto Heinz Erhardt;* 53: *Henning Kreitel;* 55: *Naturzentrum Rheinauen;* 57 o.: *Naturzentrum Rheinauen;* 57 u.: *Henning Kreitel;* 59: *Europa-Park;* 61: *Stadt Wyhl;* 63: *Kaiserstuhl Touristik e.V. Ihringen;* 65: *Schwarzwälder Freilichtmuseum Vogtsbauernhof, Gutach/Fotos: Karl Schlessmann;* 67: *Sven Weber ;* 69: *Sven Weber;* 71: *designconcepts;* 73: *Sven Weber;* 75: *Berthold Steiber;* 77: *Sven Weber;* 79: *Stadt Donaueschingen;* 81: *Petra Kaiser;* 83: *Sven Weber;* 85 o.: *Sven Weber;* 85 u.: *Julia Seitz;* 87: *Vitra Design Museum;* 89: *Tourismus GmbH Bad Säckingen;* 91: *Gisbert Sacher, fokus GmbH Leipzig;* 93: *Staatliche Schlösser und Gärten Baden-Württemberg, Schlossverwaltung Weikersheim;* 95 o.: *Evangelisches Pfarramt Creglingen;* 95 u.: *Fingerhutmuseum Creglingen;* 97: *Mustang-Museum Künzelsau;* 99: *Hohenlohe u. Schwäbisch Hall Tourismus;* 101: *Erica dos Santos de Santana;* 103: *Marcel Diemer;* 105: *Stadtverwaltung Bad Wimpfen;* 107: *Landesmedienzentrum Baden-Württemberg;* 109: *Marcel Diemer;* 111: *Marcel Diemer;* 113: *Gemeinde Freudental;*115: *DLA Marbach;* 117 o.: *SSG;* 117 u.: *Blühendes Barock Ludwigsburg;* 119 o.: *Stadtverwaltung Asperg;* 119 u.: *Haus der Geschichte Baden-Württemberg;* 121 o.: *pjt56/WikimediaCommons/CC-BY-3.0 & GDFL;* 121 u.: *Ackerboy;* 123: *Henning Kreitel;* 125: *Josip Madracevic;* 127: *Josip Madracevic;* 129: *Landesmedienzentrum Baden-Württemberg;* 131 o.: *dpa picture-alliance, Frankfurt/M./Reinhard Kluge;* 131 u.: *Frank Kleinbach;* 133: *Stadt Plochingen;* 135: *Henning Kreitel;* 137: *D. Dehnert, Göppingen;* 139 o.: *Silvia Maria Bopp 2007, www.pressehuette.de;* 139 u.: *Christa Schmaus 2012, www.pressehuette.de;* 141 o.: *Limes-Informationszentrum Baden-Württemberg, Foto Ulrich Sauerborn;* 141 u.: *Limes-Informationszentrum Baden-Württemberg, Foto Carola Hubert;* 143: *Gemeinde Königsbronn;* 145: *Steiff-Museum Giengen;* 147: *Ramessos;* 149: *Ulm/Neu-Ulm Touristik/Böttcher;* 151: *Hotel Schiefes Haus, Ulm;* 153: *Henning Kreitel;* 155: *Museum Heuneburg;* 157: *Hilde Jensen, © Universität Tübingen;* 159: *Bildarchiv Gedenkstätte Grafeneck;* 161: *Henning Kreitel;* 163: *Schwäbische Alb Tourismus Bad Urach;* 165: *Henning Kreitel;* 167: *OUTLETCITY METZINGEN;* 169: *Burggaststätte Hohen Neuffen GmbH, Axel Vetter;* 171: *Barbara Honnor;* 173: *Schlossverwaltung Bebenhausen;* 175: *Henning Kreitel;* 177: *Stadtverwaltung Mössingen;* 179: *Armin Dieter;* 181: *Henning Kreitel;* 183: *Henning Kreitel;* 185: *Sven Weber;* 187: *Tourist-Information Bad Buchau;* 189: *Sven Weber;* 191: *Hymer-Museum Bad Waldsee;* 193: *Dr. Madeleine Spendier;* 195: *Stadt Ravensburg;* 196: *Sven Weber;* 199: *Stadt Langenargen;* 201: *Sven Weber;* 203: *Petra Meyer-Mundt;* 205: *Petra Meyer-Mundt;* 207: *Mainau;* 209: *Tilman Graner, www.foto-tilmann-graner.de;* 211: *Sven Weber;* 213: *Sven Weber;* 215: *Sven Weber;* 217: *Sven Weber*

Die Autoren

Andreas Braun war lange Zeit Chefredakteur der auflagenstarken Zeitung »Sonntag Aktuell« und ist jetzt Geschäftsführer der Tourismus-Marketing GmbH Baden-Württemberg.

Gabriele Renz berichtet seit vielen Jahren als landespolitische Korrespondentin des Südkurier aus Stuttgart.